Rolf Schneider
Erfurt

Rolf Schneider

ERFURT

Ein Spaziergang
durch Geschichte
und Gegenwart

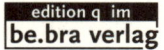

 Mehr Informationen im Internet

Bibliografische Information der Deutschen Nationalbibliothek
Die Deutsche Nationalbibliothek verzeichnet diese Publikation in der Deutschen Nationalbibliografie; detaillierte bibliografische Daten sind im Internet über http://dnb.d-nb.de abrufbar.

Alle Rechte vorbehalten.
Dieses Werk, einschließlich aller seiner Teile, ist urheberrechtlich geschützt. Jede Verwertung außerhalb der engen Grenzen des Urheberrechtsgesetzes ist ohne Zustimmung des Verlages unzulässig und strafbar. Das gilt insbesondere für Vervielfältigungen, Übersetzungen, Mikroverfilmungen, Verfilmungen und die Einspeicherung und Verarbeitung auf DVDs, CD-ROMs, CDs, Videos, in weiteren elektronischen Systemen sowie für Internet-Plattformen.

© edition q im be.bra verlag GmbH
Berlin-Brandenburg, 2015
KulturBrauerei Haus 2
Schönhauser Allee 37, 10435 Berlin
post@bebraverlag.de
Lektorat: Matthias Zimmermann, Berlin
Umschlag und Satz: Therese Schneider, Berlin
Schrift: Warnock 10,5/14 pt
Druck und Bindung: GGP Media GmbH, Pößneck
ISBN 978-3-86124-689-3

www.bebraverlag.de

Inhalt

Das Erkerfenster 7
Ludowinger und Wettiner 13
Das Rad im Wappen 23
Isatis tinctoria 33
Kluge und törichte Jungfrauen 41
Einssein mit Gott 51
Kalmans Versteck 59
Der Blitz von Stotternheim 67
Administratoren 77
Altstadthäuser 89
Besitz der politischen Macht 99
Schöngeistiges 107
Das schreiben, was man will 115
Nebelfront 123

Der Bahnhofsvorplatz war schwarz von Menschen, die immer wieder riefen: Willy Brandt ans Fenster! Willy Brandt ans Fenster! Der Politiker folgte diesem Begehren. Er tat die Gardine beiseite, öffnete einen Fensterflügel, hob seine rechte Hand und winkte.

Das Erkerfenster

Manchmal wird die Frage gestellt, welche denn die schönste Stadt in Deutschland sei. Das Auskunftsbegehren ist müßig insofern, als die Feststellung von Schönheit ein weitgehend subjektives Urteil ist, gleichermaßen abhängig vom Kulturkreis des Urteilenden wie von seinem persönlichen Geschmack, und während bei einem Ebenmaß von Lebewesen oder Dingen noch gewisse objektive Kriterien mitwirken mögen, wird die Sache bei multiplen Objekten wie einer zivilisatorischen Agglomeration vollends bedeutungslos.

Gleichwohl, die Frage wird gerne gestellt und immer wieder.

Wir leben in einem Zeitalter der unentwegt aufgestellten Ranglisten. Auf die eingangs erwähnte Frage kommen Antworten wie Rothenburg ob der Tauber, Heidelberg, Meersburg, München, Görlitz, Hamburg oder Schwäbisch Hall. Eine Stadt aber ist, wenn ich es recht sehe, niemals dabei, obschon sie sich mit den bisher genannten in vielerlei Hinsicht messen kann. Ich rede von Erfurt.

Der heutige Regierungssitz des Bundeslandes Thüringen bringt allerlei mit, was andernorts als touristische Attraktion gilt: eine anmutige Landschaft, eine intakte Altstadt mit Gebäuden von großer kulturhistorischer Delikatesse, eine ebenso tüchtige wie umgängliche Bevölkerung. Dennoch werden, wenn von wichtigen Besucherzielen Thüringens die Rede ist, eher die Namen Weimar und Eisenach fallen.

Gibt es einen Grund, wieso im Falle Erfurts die Ästhetik so vergleichsweise wenig zählt? Sind andere Momente wichtiger?

Ich selbst verbinde mit Erfurt ein paar prägende Erlebnisse. Sie haben nicht mit Ästhetik oder Kulturgeschichte zu schaffen, sondern mit Politik.

Eine Woche vor der ersten und letzten freien Wahl zum Parlament der DDR, Volkskammer geheißen, war ich zu einer Podiumsdiskussion geladen. Es ging um die politische Zukunft Ostdeutschlands. Die Veranstalter hatten mich in Erfurts damals feinstes Hotel eingewiesen, den Erfurter Hof, gelegen gegenüber dem Hauptbahnhof. Der Zufall wollte es, dass ich in jenes Erkerzimmer geriet, in dem ziemlich genau zwanzig Jahre zuvor Willy Brandt logiert hatte bei seiner Begegnung mit dem damaligen DDR-Ministerpräsidenten Willy Stoph. Die Erfurter Bevölkerung hatte dem westdeutschen Bundeskanzler einen stürmischen, von den DDR-Sicherheitskräften so nicht vermuteten Empfang bereitet. Der Bahnhofsvorplatz war schwarz von Menschen, die immer wieder riefen: Willy Brandt ans Fenster! Willy Brandt ans Fenster! Der Politiker folgte diesem Begehren. Er tat die Gardine beiseite, öffnete einen Fensterflügel, hob seine rechte Hand und winkte. Frenetischer Jubel der Versammelten war die Antwort.

Exakt hinter diesem Fenster stand nun ich. Es war ein früher Sonntagmorgen. Ich blickte hinab auf den Platz, der leer war bis auf ein paar eilig dem Bahnhof zustrebende Fußgänger. Direkt unter mir war ein riesiges Plakat aufgestellt, das für die anstehenden Wahlen warb, und zwar nicht für die Sozialdemokratie des Willy Brandt, sondern für das konservative Bündnis Helmut Kohls. Im Frühstückssaal des Hotels bewegten sich Politiker, die gekommen waren, um in der sich auflösenden DDR ihre Claims abzustecken. Sie stammten aus Hessen und aus Bayern, ich kannte sie von Bildern des westdeutschen Fernsehens. Sie gehörten allesamt zu den Unionsparteien. Eine Woche später würde ich dem verkündeten Wahlergebnis entnehmen können, wie überaus erfolgreich ihr Wirken war.

Das Hotel Erfurter Hof gibt es nicht mehr. Sämtliche Versuche, nach der Wiedervereinigung einen verlässlichen gastronomischen Betreiber zu finden, schlugen fehl; das aktuelle Hotel in unmittelbarer Bahnhofsnachbarschaft heißt Intercity. Lediglich das Hotelgebäude selbst steht noch, wurde umgerüstet und beherbergt nunmehr allerlei Geschäfte und andere kommerzielle Einrichtungen. Über allem steht in Neon-Buchstaben unübersehbar der Name: Willy-Brandt-Fenster. Die Stelle, der er sich verdankt, war, als ich jetzt zu ihr empor sah, halboffen. Leute, denen die historischen Zusammenhänge nicht geläufig sind, werden weder mit dem Namen noch mit dem Erkerfenster irgendetwas verbinden können.

Mir schien die Sache paradigmatisch. Wer als Erfurt-Besucher aus dem Bahnhof tritt, stößt auf politische Geschichte und auf Kommerz. Beides prägt die Stadt auch sonst und macht die Ästhetik zu einem

Fassade des ehemaligen »Erfurter Hofs«

Beiwerk. Politik und Kommerz sind keine vorrangigen touristischen Argumente. Der Umstand, dass Erfurt in den eingangs erwähnten Rankings nicht vorkommt, dürfte hier seine Ursache haben.

Maßgeblich wurden die Wettiner. Der erste Thüringer Landgraf aus der Sippe hieß Heinrich. Unter seinen Nachfahren setzte sich die wettinische Herrschaft zwischen Unstrut und Werra fort, bis es 1485 zur Leipziger Teilung kam. Die Brüder Ernst und Albrecht splitteten das gesamte ererbte Territorium, Thüringen fiel an Ernst.

Ludowinger und Wettiner

Hauptstädte existieren nicht für sich. Sie verwalten eine Region, sie sind mit ihr verbunden, sie empfangen Impulse von dort, um darauf zu reagieren. Erfurt ist die Landeshauptstadt von Thüringen. Mithin empfiehlt es sich, den Blick auf Thüringen zu richten.

Das Bundesland, sein offizieller Titel lautet wie im Falle Bayerns und Sachsens Freistaat, versammelt reichlich 2,2 Millionen Einwohner auf einer Fläche von sechzehntausend Quadratkilometern. Die Nachbarländer sind Sachsen, Hessen, Sachsen-Anhalt, Niedersachsen und Bayern. Geologische Mitte ist das fruchtbare Thüringer Becken, eingefasst von mehreren Mittelgebirgsregionen, deren bedeutendste der Thüringer Wald ist. Wichtige Flüsse sind im Osten Saale und Unstrut, im Westen die Werra. Ein Nebenfluss der Unstrut ist die Gera, zu deren beiden Ufern sich Erfurt ausbreitet.

Thüringen ist eine alte Kulturlandschaft. Die östlich der Saale gelegenen Regionen hatten sich nach der Völkerwanderung, also ab dem vierten nachchristlichen Jahrhundert, fast völlig entleert, womit Raum war für eindringende Westslawen; die wurden dann im Hochmittelalter von deutschen Heeren und deutschen Siedlern kolonisiert. Thüringen erlebte dergleichen nicht. Zwar erfolgte auch hier das Eindringen fremder Ethnien, immer wieder, doch die Sache blieb episodisch.

Der Name Thüringer wird erstmals im vierten nachchristlichen Jahrhundert erwähnt. Die Schreibweise lautet *toringi*, der spätrömische Autor Flavius Vegetius Renatus verwendet sie in einem Text, der von Strategie und Taktik der Kriegsführung handelt. Die derart bezeichnete Völkerschaft war vermutlich ein Zusammenschluss lokaler Gruppen von hermundurischer, anglischer und warnischer Herkunft. Ihr Siedlungsgebiet war das Thüringer Becken.

Dann gründete sich ein Königreich. Es bestand bis ins Jahr 531. Ein Eroberungskrieg der merowingischen Franken unterwarf sämtliches Gebiet westlich der Saale; ab 620 – das fränkische Reich expandierte immer weiter, was herrschaftliche Untergliederungen notwendig machte – gab es ein fränkischer Oberhoheit unterworfenes Herzogtum Thüringen.

Aus dem Ostfrankenreich ging später Deutschland hervor, hier regierten nach dem Ende der karolingischen Herrschaft die sächsischen Ottonen. Der thüringische Raum gehörte zu ihrem Kerngebiet, Regionalfürsten wurden die Angehörigen einer fränkischen Adelssippe, der Ludowinger.

Ihr bekanntester Vertreter hieß Ludwig der Springer. Historisch ist nicht viel von ihm verbürgt. Dafür hängten sich an ihn eine Reihe von Legenden und Sagen:

Im Zuge einer Eroberung soll er einen sächsischen Pfalzgrafen erstochen haben, wofür er eingekerkert wurde. Im dritten Jahr seiner Gefangenschaft drohte ihm die Hinrichtung. Er rettete sich, indem er aus dem Turm seines Kerkers in die unmittelbar darunter fließende Saale sprang. »Dort erwartete ihn bereits ein Diener mit einem Boot und seinem schneeweißen Lieblingspferd ›Schwan‹«, heißt es in der Überlieferung.

Als Sühne habe er dann eine Kirche gebaut und ein Kloster gegründet: Reinhardsbrunn, das später das Familienmonasterium der Ludowinger war.

Ludwig soll außerdem Bauherr der Wartburg gewesen sein. Die Sage darum geht so:

Im Jahre 1067 habe er, während eines Jagdausfluges, den späteren Standort entdeckt, der ihm ganz außerordentlich gefiel. Er tat den Ausruf: »Wart Berg, du sollst mir eine Burg werden!« Das Gelände habe nicht zu seiner Herrschaft gehört, weswegen er, um Besitzanspruch erheben zu können, aus seinem eigenen Territorium Erde hierher schaffen und auftragen ließ, damit er obenauf die Burg errichten könne. »Um vor dem Kaiser seine Rechte auf die Wartburg zu bekräftigen«, so die Sage, »musste er mit zwölf seiner getreuesten Ritter ›Schwurschwerter‹ in die Erde stecken und bei seiner Ehre schwören, dass dies sein rechtmäßiger Grund und Boden sei.« Der Trick habe Erfolg gehabt, der Bau konnte beginnen.

Diese Geschichte hat den säuerlichen Beigeschmack von historistischer Romantik, wie sie während des 19. Jahrhunderts in Deutschland geschätzt und verbreitet war. Hingegen ist geschichtsnotorisch, dass Ludwig zu den erbitterten Gegnern der beiden letzten Salierkaiser gehörte; einer umstrittenen These zufolge sollen sich sein und seiner Frau Adelheid Abbild unter den Stifterfiguren im Naumburger Dom befinden. Adelheid, dies ist nun wieder gesichert, war Witwe eben jenes Pfalzgrafen, den Ludwig erstochen hatte.

Ludwigs Sohn wurde in den Landgrafenstand erhoben. Dessen Enkel war jener berühmte Landgraf Hermann, der sich einen Namen machte als Förderer der Künste; politisch, im Streit zwischen Gibellinen und Welfen, wechselte er insgesamt siebenmal die Fronten. Sein Ziel war die Vergrößerung des eigenen Latifundialbesitzes.

Aus Hausmachtgründen verheiratete er seinen Sohn mit der ungarischen Prinzessin Elisabeth, die bekannt wurde wegen ihrer franziskanischen Religiosität. Nachdem ihr Ehemann verstorben war, widmete sie sich der Krankenpflege. 1235, nur vier Jahre nach ihrem frühen Tod, wurde sie heiliggesprochen; sie ist Thüringens Patronin.

Über ihren Schwiegervater Hermann sei nachgetragen, dass er zu einer bedeutsamen Figur der deutschen Literaturgeschichte wurde.

Seine Erziehung hatte er in Paris genossen, am Hof von König Ludwig VII. Dort konnte er unter anderem Kenntnis nehmen von der zeitgenössischen Minnedichtung und den Ritterepen um König Artus, die der aus der Champagne stammende Dichter Chrétien de Troyes schuf. Nach seiner Rückkehr bemühte er sich um die Förderung von Arbeiten dieses Zuschnitts, abgefasst in der heimischen Sprache, also dem Mittelhochdeutschen.

Seine Wartburg beherbergte bedeutende Dichter wie Heinrich von Veldeke, Wolfram von Eschenbach und Walther von der Vogelweide. Dies geschah um 1205. Ergebnis war eine Sammlung von Liedern und

Heinrich von Veldeke. Codex Manesse, um 1300

gereimten Sprüchen des Titels »Sängerkrieg auf der Wartburg«. Daraus entstand die Legende eines förmlichen Wettstreits der anwesenden Sängerdichter, den es in dieser Form niemals gegeben hat. Legenden können mächtiger sein als die Wirklichkeit: Der Sängerkrieg

Sängerkrieg auf der Wartburg. Codex Manesse, um 1300

fand Darstellungen in Wort, Bild und Ton, als Erzählung E. T. A. Hoffmanns, als Wandgemälde des Moritz von Schwind, als Oper von Richard Wagner.

In der Verssammlung kommen Landgraf Hermann und sein Thüringen namentlich vor:

Siben fürsten sint des wert,
daz in ein rœmisch künic ist ze welenne benant:
die enkiesent niht wan des der edel gert,
Herman von Dürengen lant.

(Sieben Fürsten haben den Vorzug, den römischen König zu wählen. Sie küren, wen der edle Hermann von Thüringer haben will.)

Beschrieben wird die Königswahl durch die deutschen Kurfürsten, folgend einem Vorschlag des Landgrafen. Hermann als Königsmacher? Die Verse sind nackte Schmeichelei.

Die Ludowinger waren nicht das einzige dominante Adelsgeschlecht der Region. Ebenso maßgeblich wurden die Wettiner. Ihre Stammburg steht nahe Halle an der Saale, zunächst waren sie Markgrafen im obersächsischen Meißen. Der erste Thüringer Landgraf aus der Sippe hieß Heinrich, mit Beinamen der Erlauchte, er lebte Mitte des 13. Jahrhunderts. Unter seinen Nachfahren setzte sich die wettinische Herrschaft zwischen Unstrut und Werra fort, bis es 1485 zur Leipziger Teilung kam.

Die Brüder Ernst und Albrecht splitteten das gesamte ererbte Territorium zwischen Werra und Elbe. Der jüngere Albrecht erhielt das künftige Kursachsen mit dem Regierungssitz Dresden, Thüringen fiel an Ernst. Die albertinische Linie folgte dem Primogenitur-Prinzip: Nachfolger eines Herrschers wurde immer der männliche Erstgeborene. Die ernestinische Linie ent-

Landgraf Ernst von Thüringen,
Kurfürst von Sachsen.
Anonymer Künstler

schloss sich zur Erbteilung, weswegen Thüringen bald in immer zahlreichere Kleinfürstentümer zerfiel, spöttisch Sachsen-Bindestrich-Herrschaften genannt, wie Sachsen-Altenburg und Sachsen-Coburg-Gotha.

Dies blieb der Zustand bis ins Deutsche Kaiserreich der beiden Wilhelm. Zuvor hatte es, im Jahr 1833, einen losen Zusammenschluss der thüringischen Kleinstaaten zu einem gemeinsamen Zoll- und Handelsverein gegeben, doch erst 1920 erfolgte eine förmliche Wiedervereinigung der Doudezterritorien. Es gab nun wieder ein zentral regiertes Land Thüringen, die Hauptstadt hieß Weimar.

Thüringischer Regierungssitz wurde Erfurt erst 1950. Dies verdankte sich einer Entscheidung des ostdeutschen Arbeiter- und Bauernstaates und hat sich über das Ende der DDR hinweg erhalten.

Eine Furt war die für Menschen, Tiere und Gefährte einfachste Möglichkeit einer Flussquerung. Die Verlockung, in deren unmittelbaren Nähe zu siedeln, war einst beträchtlich.

Das Rad im Wappen

Die Geschichte Erfurts hängt innig mit der Geschichte Thüringens zusammen, nahm freilich auch ihren eigenen und besonderen Verlauf.

Am Anfang steht der Germanenapostel Bonifatius. Eigentlich hieß er Wynfreth oder Winfried und kam aus England, seinen kirchlichen Namen sollte er erst später annehmen. Er war nicht der einzige Geistliche von den britischen Inseln, der in Mitteleuropa missionierte: Die Christianisierung Germaniens im frühen Mittelalter geschah zu großen Teilen durch englische, schottische und irische Mönche.

Als junger Mensch trat Wynfreth in ein Benediktinerkloster ein, wo er zunächst als Lehrer für Grammatik und Dichtung tätig war. Im Alter von dreißig empfing er die Priesterweihe. Zehn Jahre später trat er seine erste Missionsreise auf das Festland an, zu den Friesen. Er hatte dort keinen rechten Erfolg, kehrte vorübergehend in sein Kloster zurück und unternahm schließlich eine Pilgerfahrt nach Rom. Hier entschied er sich endgültig für seine Tätigkeit als Missionar.

Er ging zu den Franken, wo er bald einen innigen Kontakt unterhielt zu Hausmeier Karl Martell, dem Großvater Karls des Großen. Er reiste in Begleitung. Außer Bewaffneten waren bei ihm Handwerker, die den Bau von Kapellen und Klöstern besorgten.

Spektakulär wurde sein Auftreten in der Gegend des heutigen Fritzlar, wo es darum ging, ein heidnisches Heiligtum zu beseitigen: einen dem germanischen Gott Donar geweihten Eichenbaum. Bonifatius griff persönlich zur Axt. Er fällte die Eiche. Eine große Menschenmenge sah ihm zu. Sie erwartete einen Racheakt des erzürnten Gottes, der aber ausblieb. Die Zuschauer waren bewegt. Unter dem Eindruck dieser offenbaren Überlegenheit des Christengottes nahmen sie die Taufe an.

Übrigens war das persönliche Risiko für Bonifatius bei der Sache eher gering. In unmittelbarer Nähe befand sich ein fränkisches Militärlager. Dessen Insassen hätten notfalls bewaffnete Hilfe geleistet.

In der Folgezeit gründete Bonifatius etliche Bistümer, darunter jenes von Erfurt. Er war schon ein achtzigjähriger Greis, als er nochmals aufbrach zu seinem allerersten Missionsziel Friesland. Begleitet wurde er von etwa fünfzig Personen. Sie waren zu wenige, um den Missionar und sich selbst erfolgreich zu schützen. Eine friesische Übermacht überfiel sie, Bonifatius und seine Helfer wurden erschlagen.

Das Gründungsjahr des Bistums Erfurt ist 742. Menschliche Siedlungen besaß die Gegend schon lange, archäologische Funde im Norden der heutigen Stadt führen zurück bis ins Paläolithikum und sind um die hunderttausend Jahre alt. Geschichtliche Zeugnisse existieren seit dem Jahr 480.

Die älteste Schreibung des Stadtnamens lautet Erphesfurt; sie steht in einem Brief des Bonifatius an den Papst Zacharias. *Erpf* ist ein altes germanisches Wort und bedeutet so viel wie dunkel, gemeint ist offenbar die Wasserfärbung des Stadtflusses Gera, der unter ande-

Kreuzsand am Geraufer. Ansichtspostkarte. Um 1900

rem den Namen Erfes trug (die lateinische Bezeichnung lautet Hiera). Eine Furt war die für Menschen, Tiere und Gefährte einfachste Möglichkeit einer Flussquerung. Die Verlockung, in deren unmittelbaren Nähe zu siedeln, um von den Passagen zu profitieren, war einst beträchtlich und dies nicht nur im Falle Erfurts.

Zu der Zeit, als er über die von ihm gegründeten Bistümer verfügte, amtierte Bonifatius als Bischof in Mainz. Die alte Römergründung besitzt seit dem Hochmittelalter ein eigenes Wappen: Es zeigt auf rotem Grund zwei silberne Wagenräder, jedes mit sechs Speichen und miteinander verbunden durch ein Kreuz.

Für das Mainzer Symbol gibt es allerlei Deutungen. Eine geht zurück auf einen späteren Nachfolger des Bonifatius, den renommierten Bischof Willigis, der Sohn eines Wagners gewesen sein soll. Eine andere sieht darin ein Attribut des heiligen Martin, dem der Mainzer Dom geweiht ist; Martin erkor zu seinem Zeichen das Rad vom Gotteswagen des biblischen Propheten Ezechiel. Wie auch immer: Das Mainzer Rad kehrt, jetzt immer nur einzeln, in zahlreichen Stadtwappen wieder, von Aschaffenburg bis Sömmerda, insgesamt über zweihundert Mal. Es zeigt, dass alle jene Ortschaften ehedem von Mainz regierten wurden.

Beim Erfurter Stadtwappen ist die Nähe zum Mainzer Ursprung am deutlichsten. Hier gibt es keinerlei Zusätze oder Abwandlungen. Man mag darin eine besonders innige Verbindung zu der rheinischen Mutterstadt erkennen, denn das Erfurter Bistum fusionierte bereits

Erzbischofliches Wappen auf der Zitadelle

755, bloß dreizehn Jahre nach der Gründung, mit dem Bistum Mainz, und bei diesem Verbund sollte es mehr als ein Jahrtausend bleiben.

Das mit Mainz gemeinsame Bistum steht für die Religion. Die Furt durch den Fluss Gera steht für Warentransport und Kommerz. Auch Waffenträger benutzten die Furt, dem Weg durch die Erfes kam ebenso militärisch-strategische Bedeutung zu. Frankenherrscher Karl der Große bestimmte Erfurt zum Grenzhandelsort. Seine Nachfahren sahen in der Siedlung einen *locus regalis*, einen königlichen Platz, wozu man wissen muss, dass Pfalzen den ständig auf Reisen befindlichen ostfränkisch-deutschen Herrschern als Aufenthalt dienten. Die Erfurter Pfalz hat vermutlich auf dem Petersberg

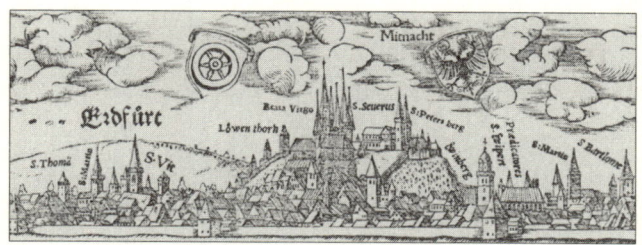

Stadtansicht von Erfurt. Historischer Stich

gestanden, der höchsten Erhebung im heutigen Stadtgebiet.

1066 wurde Erfurt mit einem Wall umgeben. Im Konflikt zwischen Salierkaiser Heinrich IV. und Papst Gregor VII., der schließlich durch den Gang nach Canossa beigelegt wurde, schlug sich der Mainzer Bischof auf die Seite Gregors. Der Salier stürmte daraufhin mit seinen Truppen das mainzische Erfurt und ließ es niederbrennen.

In Erfurt fanden immer wieder Hof- und Reichstage statt, so 1181, einberufen von Friedrich Barbarossa. Der entmachtete hier endgültig seinen politischen Rivalen Heinrich den Löwen, der seine beiden Herzogtümer verlor, verbannt wurde und zu seinem Schwiegervater König Henry II. nach England ging.

1184 hielt sich Barbarassas Sohn Heinrich VI. in Erfurt auf. Hierbei kam es zu einem Vorfall, der ebenso spektakulär wie peinlich war.

Heinrich befand sich auf einem Feldzug gegen die Polen. Sein Thüringer Aufenthalt sollte dazu dienen,

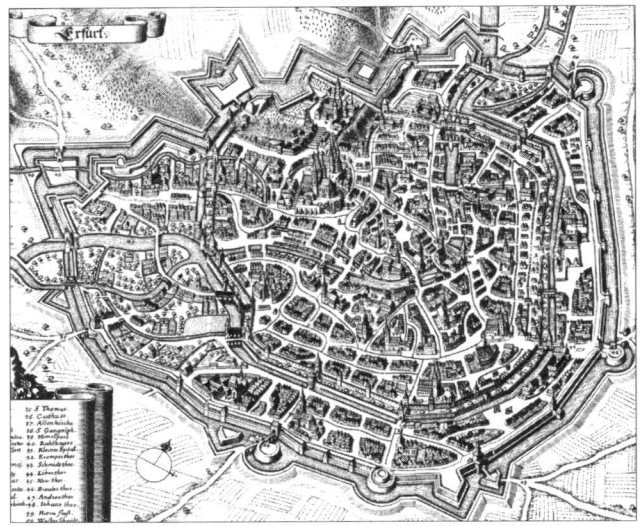

Stadtplan von Erfurt. Stich von Matthäus Merian. 1650

einen Streit zu schlichten zwischen Erzbischof Konrad von Mainz und Thüringens Landgraf Ludwig III.

Am 26. Juli 1184 saß der Herrscher mitsamt großem Gefolge im oberen Stockwerk der Dompropstei. Die Last der Menschen war groß, der Boden des Versammlungsraumes war offenbar morsch und brach zusammen. Die meisten Versammelten fielen in die Tiefe und durchschlugen dabei auch den Boden des Untergeschosses. »Viele stürzten«, so eine Erfurter Chronik, »in die darunter befindliche Abtrittsgrube, deren einige mit Mühe gerettet wurden, während andere im Morast erstickten.« Wieder andere wurden von nachstürzenden Steinen und Balken erschlagen. Unter den sechzig Toten waren zahlreiche Aristokraten wie Graf Gozmar III. von Ziegenhain in Nordhessen, Burggraf Burchard von der Wartburg und Graf Heinrich von Schwarzburg.

Der Kaiser saß während des Geschehens in einer ummauerten Nische und war also von dem Sturz nicht betroffen. Mit Leitern wurde er in Sicherheit gebracht und reiste sofort ab. Der Vorfall hat es als Erfurter Latrinensturz zu zweifelhafter Prominenz gebracht.

Färberwaid wuchs nicht wild. Er wurde in großem Stile angebaut; fachkundige Personen, Waidjunker geheißen, beurteilten die Qualität. Das Thüringer Becken war über Jahrhunderte hinweg eine Hauptanbaufläche für die Pflanze.

Isatis tinctoria

Bischöfe besaßen im Mittelalter nicht nur geistliche, sondern auch weltlich-administrative Macht, nicht anders als Herzöge und Grafen waren sie Feudalherren und verantwortlich für das Gesamtschicksal ihres Bistums. Eine weltliche Herrschaft der Mainzer Erzbischöfe über Erfurt ist spätestens für die Zeit um 1000 verbürgt.

Erfurt lag an einer wichtigen mittelalterlichen Handelsroute, Via Regia geheißen, sie verband Spanien mit Kiew. Etwas später kam eine zweite Handelsstraße dazu, die von Skandinavien über Nürnberg bis Oberitalien führte, der übliche Name war Salzstraße, da sie wichtige Herstellungsorte des gern sogenannten weißen Goldes berührte, wie Lüneburg und Halle an der Saale. Gleich anderen an Grenzen und Flüssen gelegenen Städten profitierte Erfurt vom Privileg des Stapel- oder Niederlagsrechts: Durchreisende Kaufleute mussten ihre mitgeführten Waren für einige Tage zum Verkauf anbieten; wenn sie wollten, konnten sie sich durch Zahlung eines Stapelgeldes davon freikaufen. So oder so kamen reichlich Gelder ein.

Das Wirtschaftsleben einer mittelalterlichen Stadt ruhte auf zwei Säulen: Handel und Handwerk. Abgesehen von bäuerlichen Erzeugnissen, die überwiegend von umliegenden Dörfern kamen und auf entsprechenden Märkten feilgeboten wurden, waren die anderen Waren, mit denen Kaufleute ihre Umsätze erzielten, handwerkliche Produkte. In den meisten Städten galt die Kaufmannschaft gegenüber den Handwerkern

Historischer Waidspeicher

als höherrangig, denn Handel machte reicher als das Handwerk. In aller Regel war es daher die Kaufmannschaft, aus der die für die städtische Selbstverwaltung verantwortlichen Räte kamen.

Nun waren sämtliche Städtebewohner rechtlich frei, also nicht leibeigen. Doch auch bei ihnen gab es ein ständisches Gefälle von oben nach unten. Es ließ sich äußerlich wahrnehmen: an Standort, Bauart und Größe der Häuser. Es ließ sich wahrnehmen an der Kleidung.

Hier ging es um Schnitt, Material, Accessoires und Farben. Das Landvolk, die mit Abständen größte Bevölkerungsgruppe, war einfach gekleidet, in Kittel und Umhänge, deren Stoffe aus der von heimischen Schafen geschorenen Wolle stammten. Sie behielten ihre natürliche Färbung: grau. Teurere Stoffe, Ausgangsmaterial für herrschaftliche Garderoben, wurden gerne impor-

Panoramablick. Ansichtspostkarte. Um 1900

tiert, bevorzugt aus Flandern; danach gingen sie durch die Werkstätten der Färber. Für ihr Handwerk wurde unter anderem fließendes Wasser benötigt, wie es in Erfurt durch die Gera gegeben war.

Die häufigsten Textilfarben waren blau und rot. Beides wurde aus Pflanzen gewonnen. Rot lieferte der Färberkapp, *Rubia tinctorum*, aus der Familie der Rubiazeen. Im Herbst oder Frühjahr grub man deren Wurzeln aus, trocknet sie in Öfen und zerkleinerte sie; durch die Art der Extraktion und durch mineralische Zusätze konnte die Tönung variiert werden.

Das Blau lieferte der Färberwaid, *Isatis tinctoria*, auch deutscher Indigo, ein Kreuzblütengewächs. Man erntete die Blätter einjähriger Pflanzen mittels eines Waideisens und legte sie aus, bis sie zu welken begannen. In einer Waidmühle zermahlen, wurde der ent-

Hof des Hauses zum Güldenen Krönbacken

standene Brei zu Kugeln geformt und getrocknet. So kam er in den Handel. Die Färber lösten solche Waidballen in Wasser und Urin auf und mischten Buchenholzasche bei.

Der Färberwaid wuchs nicht wild. Er wurde in großem Stile angebaut; fachkundige Personen, Waidjunker geheißen, beurteilten die Qualität. Das Thüringer Becken war über Jahrhunderte hinweg eine Hauptanbaufläche für die Pflanze, und Erfurt stieg auf zur Waidhauptstadt Mitteleuropas. Dies brachte Reichtum, wirtschaftlich-politische Macht und prägte die architektonische Gestalt.

1120 ist erstmals urkundlich von Erfurter Bürgern die Rede. Hundert Jahre später bildete sich ein erster Rat. Der anhaltende Streit zwischen Gibellinen und Welfen bot die Chance, sich aus der feudalen Herrschaft

Hausfassade auf der Krämerbrücke

des Erzbischofs mehr und mehr zu lösen. Im Jahre 1255 gab es eine fundamentale Ratsreform, die administrativen Vollmachten wurden den erzbischöflichen Stadtherren weitgehend entzogen. Dies führte zu Konflikten mit dem Mainzer Kirchenfürsten. Seine Amtsträger wurden im Jahre 1279 aus der Stadt verjagt. Die Antwort des Erzbischofs war der Bann.

Hierbei handelte es sich um eine mittelalterliche Strafmaßnahme, die sowohl von weltlichen wie kirchlichen Machthabern verhängt werden konnte. Der Mainzer Erzbischof war beides. Der Bann konnte ebenso Einzelpersonen wie Menschengruppen treffen, er beinhaltete die Diskriminierung des Betroffenen, seinen Ausschluss von den kirchlichen Sakramenten, den Verlust von Rechten und Rechtsschutz. Für eine vom Handel lebende Stadt bedeutete dies ein enorme Benachteiligung. Durch allerlei Sühnemaßnahmen ließ sich der Bann lösen; die Stadt Erfurt brauchte zweieinhalb Jahre, ehe sie davon wieder freikam.

Ein knappes Jahrzehnt später erfuhr sie eine allerhöchste Auszeichnung. Rudolf, erster deutscher König aus dem Geschlecht der Habsburger, hielt hier Hof. Für zehn Monate wurde Erfurt die Regierungszentrale des Reiches. Es ging um Entscheidungen wie die königliche Erbfolge, den thüringischen Landfrieden, die durch Wegelagerei verursachten Schäden. Im Ergebnis wurden sechzig Thüringer Raubitterburgen gestürmt und geschleift, die Einwohner Erfurts beteiligten sich; der Kaufmannschaft war daran gelegen, dass aller Handel unbehelligt von Wegelagerern ablief, man handelte also in ureigener Sache.

1331 erhielt Erfurt das kaiserliche Messepriveleg. Wiewohl weiterhin unter Mainzer Oberhoheit, hatte man, mit kaiserlichem Einverständnis, den faktischen Rang einer freien Reichsstadt. Im 14. und 15. Jahrhundert lebten hier um die zwanzigtausend Menschen. Nach Köln, Nürnberg und Magdeburg und noch vor Mainz war Erfurt die viertgrößte deutsche Stadt.

Es war die zweifelhafte Theologie einer geldwerten geistlichen Buße, die den Protest des Augustinermönches Martin Luther erregte. Seine Reformation ergriff bald auch Erfurt. 1521 erfolgte auf dem Domgelände ein Pfaffensturm.

Kluge und törichte Jungfrauen

Zu den Begleitern des Bonifatius, die gemeinsam mit dem Missionar während dessen Reise nach Friesland 754 den Tod fanden, gehörte der damalige Bischof von Erfurt mit Namen Adolar. Seine Gebeine wurden, gemeinsam mit denen eines anderen, später heiliggesprochenen Märtyrers namens Eoban, nach Erfurt überführt und dort beigesetzt.

Adolar war einst von Bonifatius berufen worden, der seinerseits ein Schüler des Angelsachsen Williborg war; letzterer hatte bereits vor Bonifatius in Thüringen missioniert. Das erste Gotteshaus im Erfurter Raum wurde allerdings erst von Bonifatius in Auftrag gegeben, wahrscheinlich 724; Standort war der Untersberg über dem Geraufer, der heutige Domberg. Grabungen haben ergeben, dass es sich um einen massiven Steinbau mit Westapsis gehandelt hat.

St. Marien wurde marode mit den Jahren. 1154 begannen Arbeiten an einer romanischen Basilika, die um 1237 vollendet war. Dabei wurden die Grablegen der beiden Märtyrer Adolar und Eoban gefunden, was dem Gotteshaus einen reichlichen Zustrom von Pilgern bescherte. Wie alle großen Sakralbauten des Mittelalters erfuhr St. Marien ständig Erweiterungs- und Umbauten, aus unterschiedlichen Gründen, deren einer das Unglück von 1416 war.

Ausgelöst hatte es ein Glöckner. Wie üblich hatte er zur Nacht geläutet, wobei er sturzbetrunken war. Sein unachtsamer Umgang mit einer brennenden Kerze setzte das Gebälk in Brand. Die Türme gingen in Flam-

Blick vom Petersberg auf St. Severi

men auf. Hoher Chor, Glockengeläut und Orgel erlitten schwere Schäden.

Das Feuer von 1416 blieb nicht singulär. Der Stadtbrand von 1472 suchte auch St. Marien heim, die Reparaturarbeiten wurden unter anderem mit Mitteln aus dem Ablasshandel finanziert: Wer zwanzig Tage einen Arbeiter an der Kirche bezahlte, konnte sich eine Pilgerreise nach Rom ersparen; beides erbrachte den nämlichen Erlass von Sündenstrafen.

Es war jene zweifelhafte Theologie einer geldwerten geistlichen Buße, die den Protest des Augustinermönches Martin Luther erregte. Seine Reformation ergriff bald auch Erfurt. 1521 erfolgte auf dem Domgelände ein Pfaffensturm, der die Häuser der Stiftsgeistlichen plünderte, außerdem suchte der Bauernkrieg von 1525 St. Marien heim. Zum evangelischen Gotteshaus wurde

Domberg. Nordostseite

der Dom nicht. Ein 1530 geschlossener Vertrag sicherte den Erfurter Katholiken Religionsfreiheit zu.

Ebenso blieb die Kirche St. Severi katholisch. Hervorgegangen aus einer Benediktinerabtei, teilt sie sich mit St. Marien den Domberg. Schäden, Aus- und Umbauten gab es reichlich auch hier, und da beide Gotteshäuser immer größere Grundflächen beanspruchten, musste der Baugrund erweitert werden. Es gab Aufschüttungen, gehalten von Kavaten, das sind stützende Mauern. Die beiden Bauwerke rückten immer enger aneinander, heute trennen sie an der engsten Stelle gerade nur fünf Meter. Die Spitze der monumentalen Dreiturmgruppe von St. Severi misst vier Höhenmeter mehr als die Turmspitze von St. Marien.

St. Severi ist ein fünfschiffiger gotischer Bau, dessen Namensgeber, der Heilige Severus, hier sein Grab hat.

Domportal

Wolfram-Leuchter im Dom, Bronze. Um 1160

Fries der törichten Jungfrauen. Um 1340

Er war im vierten Jahrhundert Bischof von Ravenna; seine Verehrung gründete darauf, dass sich im Augenblick seiner Bischofswahl ihm eine Taube auf die Schulter setzte, was die Gemeinde als göttliches Zeichen begriff. Beigesetzt zunächst in Italien, gelangten seine Gebeine 836 durch Erzbischof Otgar erst nach Mainz, dann nach Erfurt. Sein reich ausgestalteter Steinsarkophag ist das Werk eines Erfurter Meisters.

Die frommen Kunstwerke in und an St. Marien sind zahlreicher und bedeutender. Dazu gehören die vollplastischen Statuen der klugen und törichten Jungfrauen. Das Motiv war im Hochmittelalter äußerst beliebt und findet sich an zahlreichen Sakralbauten, so in Straßburg, in Magdeburg und in Schwäbisch Gmünd.

Die Figuren stehen für ein Gleichnis aus dem Matthäus-Evangelium. Danach werde es »mit dem Himmel-

Fries der klugen Jungfrauen. Um 1340

reich sein wie mit zehn Jungfrauen, die ihre Lampen nahmen und dem Bräutigam entgegengingen. Fünf von ihnen waren töricht und fünf waren klug. Die törichten nahmen ihre Lampen mit, aber kein Öl, die klugen aber nahmen außer den Lampen noch Öl in Krügen mit.« Die Klugen treffen den Bräutigam, die törichten müssen erst nach neuem Öl suchen und verpassen dadurch den Zugang. Wobei der Bräutigam hier für Gott steht; man hat in den Jungfrauen Verkörperungen von Ekklesia und Synagoge gesehen. Die gibt es zusätzlich in figurativer Darstellung, am Erfurter Dom wie auch sonst.

Das Innere von St. Marien beeindruckt durch seine Größe und architektonische Klarheit. Zu den Preziosen gehören die Bildfenster des Hohen Chores, die meistens Ende des 14. Jahrhunderts entstanden; sie

Domplatz

sind von außerordentlichem figürlichen Reichtum. Es gibt ein monumentales Wandgemälde von 1499 mit der Darstellung des Heiligen Christophorus; zu den ältesten Artfakten gehören eine romanische Muttergottes und eine Wolfram genannte Leuchterfigur, die um 1160 entstand.

Zum Dom führen siebzig Stufen. Der Platz davor rühmt sich, die größte freie Marktfläche in Deutschland zu sein. Tatsächlich ist sie etwas zu weitläufig; die alten Gebäude, die einst hier standen, wurden 1813 abgerissen. Jetzt begrenzen die Ostseite des Platzes eine Reihe von Fachwerkhäusern, zwischen denen das Haus Zur hohen Lilie steht, deutlich erkennbar an dem grün eingefassten Vollputz seiner Fassade. Es ist das älteste erhaltene Renaissancehaus und die älteste erhaltene Gaststätte der Stadt.

Meister Eckhart wandte sich von der Scholastik ab. Auch ihm geht es um die Seele, um Transzendenz, um individuelle Gotterfahrung, doch gleichermaßen, ganz rational, um Erkenntnis, und wie die Scholastiker greift er auf antike Autoren zurück.

Einssein mit Gott

Ein Dom dient üblicherweise als Bischofskirche. Zwingend ist solche Zuordnung nicht, manchmal bezieht sie sich lediglich auf die Größe des Bauwerks. Bei St. Marien in Erfurt ist das eine wie das andere der Fall. Einen Bischofssitz gab es hier dreizehn Jahre bis 755 und dann wieder ab 1994. In der langen Zwischenzeit wurden die geistlichen Geschäfte durch Pröpste, Weihbischöfe und Apostolische Administratoren besorgt.

Eine starke kirchliche Präsenz hatte es in Erfurt zu allen Zeiten. Hier standen einst 38 Gotteshäuser, und heute, nach allerlei Eingemeindungen, gibt es insgesamt 77 historische Sakralbauten.

Eine mittelalterliche Grobeinteilung der gesellschaftlichen Stände lautete: Wehrstand, Lehrstand, Nährstand. Letzter umfasst das Landvolk, der erste den Adel, Lehrstand bezeichnete den Klerus. Dort beherrschte man das Lesen und das Schreiben und gab diese Fähigkeiten in Dom- und Klosterschulen weiter. Aus denen konnten Universitäten entstehen, wozu es einer förmlichen Gründungsurkunde bedurfte, ausgestellt entweder vom Kaiser oder vom Papst.

Die ersten europäischen Universitäten besaßen Bologna und Paris. Im deutschsprachigen Kulturraum folgten Prag, Wien, Heidelberg und, im Jahre 1392, Erfurt. Der Ansturm dort scheint von Beginn an erheblich gewesen zu sein, und schon vorher hatte in der Stadt eine rege Lehrtätigkeit geherrscht; in der zweiten Hälfte des 13. Jahrhunderts soll Erfurt mehr Scholaren beherbergt haben als irgendein anderer Ort.

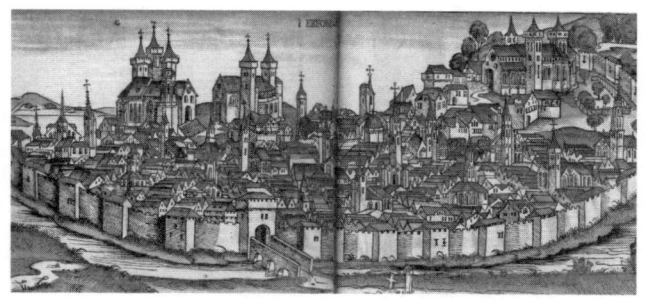

Stadtansicht von Erfurt. Schedelsche Weltchronik. 1493

Es hatte dies mit den Lehrkräften und deren Prominenz zu tun. Einer davon war Eckhart von Hochheim, besser bekannt als Meister Eckhart.

Hochheim liegt in Thüringen, in der Nähe von Gotha. Dort wurde Eckhart ums Jahr 1260 geboren, als Kind eines kleinen Adligen. 1275 trat er in Erfurt dem Dominikanerorden bei. Er studierte an verschiedenen Hochschulen, darunter in Köln und Paris; in der französischen Hauptstadt begann seine Lehrtätigkeit. 1294 kehrte er nach Erfurt zurück, wurde Prior des dortigen Dominikanerklosters und machte innerhalb seines Ordens Karriere.

Er war Prediger, Dozent und Autor. Er gehört zu den bedeutenden Denkern des europäischen Hochmittelalter. Die übliche Zuordnung sieht ihn als Mystiker, was er war und was er nicht war. Die christliche Mystik ist eine Lehre, die durch psychische und physische Anstrengung ein spirituelles Einssein mit Gott erstrebt, als das höchste dem Menschen erreichbare Ziel. Die My-

Meister Eckhart. Holzschnitt

stik verstand sich als eine Art Gegenbewegung zu der bis dahin herrschenden Scholastik, die, stark von rationalen Elementen bestimmt, in blutleerem Formalismus zu erstarren drohte.

Auch Eckhart wandte sich von der Scholastik ab. Auch ihm geht es um die Seele, um Transzendenz, um individuelle Gotterfahrung, doch gleichermaßen, ganz rational, um Erkenntnis, und wie die Scholastiker greift er auf antike Autoren zurück, Aristoteles etwa, doch kennt er ebenso Maimonides, den jüdischen Gelehrten aus dem maurischen Córdoba. Eckarts Schriften waren teils auf Lateinisch, teils auf Mittelhochdeutsch verfasst. Seine Lehre, ebenso erfolgreich wie originell, führte bald zu Konflikten mit der kirchlichen Dogmatik.

Predigerkloster

Man beschuldigte ihn der Ketzerei. Das geschah 1325 in Köln. Eckart fand Ankläger wie Verteidiger, das Inquisitionsverfahren wurde weitergereicht an den Papst, der zu jener Zeit im südfranzösischen Avignon saß. Dort kam es 1327 zum Prozess. Eckart verteidigte sich. Es gab Gutachten und Gegengutachten, von ursprünglich hundertfünfzig angeblich häretischen Äußerungen seiner Person blieben am Ende achtundzwanzig, die dem kirchlichen Verdikt verfielen. Da war ihr Autor freilich schon tot. Er starb in Avignon, noch während des Verfahrens, sein Todestag soll der 28. Januar 1328 gewesen sein.

»Es ward nie größere Mannhaftigkeit noch Streit noch Kampf, als wenn einer sich selbst vergisst und verleugnet«, heißt einer seiner Sprüche, doch: »Wer werden will, was er sein sollte, der muss lassen, was er jetzt

Mondsichelmadonna am Erfurter Dom. Um 1155

ist.« Er sagt: »Was kann süßer sein als einen Freund haben, mit dem du alles, was in deinem Herzen ist, besprechen kannst wie mit dir selbst?«

Eckharts Nachwirkung war beträchtlich und hält bis zum heutigen Tag. Sie findet sich bei Esoterikern, der Linksanarchist Gustav Landauer schätzte ihn ebenso wie der Zionist Martin Buber, der Marxist Ernst Bloch, der Psychoanalytiker Erich Fromm. Erfurt erinnert seit 1989 an ihn, mit einem von dem Bildhauer Siegfried Krepp geschaffenen Bronzeportal der Predigerkirche.

Europa litt unter einer Pestepidemie. Umherziehende Hetzprediger verkündeten, die Seuche entstehe durch Brunnenvergiftungen, ausgeführt durch die Juden. In Erfurt existierte eine große mosaische Gemeinde.

Kalmans Versteck

Im Jahre 1998 fanden in der Erfurter Altstadt archäologische Untersuchungen statt. Dabei stießen Arbeiter in einem alten Fahrradkeller auf ein in das Mauerwerk eingeklemmtes Stück Metall. Das vermeintliche Zinngut wurde zunächst achtlos beiseite getan, dann näher besehen; das Metall erwies sich als Silber und der Fund als Schale aus dem Mittelalter.

Systematische Grabungen begannen. Gefunden wurden schließlich 3141 Silbermünzen, vierzehn Silberbarren unterschiedlicher Größe, acht Silberbecher, eine Silberkanne, eine silberne Trinkschale, dazu noch über siebenhundert Einzelstücke gotischer Goldschmiedekunst, teilweise mit Juwelen besetzt. Das kostbarste Stück war ein aufwendig gearbeiteter goldener Hochzeitsring mit miniaturisierten Fialen und einer in hebräischen Lettern eingravierten Inschrift: *masel tov*, zu deutsch: viel Glück.

Entdeckungen ähnlicher Größe werden nicht oft gemacht. Man fühlt sich an den Eberswalder Goldschatz von 1913 erinnert oder an das von Heinrich Schliemann gefundene Trojagold. Die Gegenstände in Erfurt hatten einem jüdischen Kaufmann gehört, Kalman von Wiehe, der sie während eines Pogroms aus Angst vor Plünderungen versteckt hatte. Der Schatz blieb unentdeckt, sein Besitzer fand den gewaltsamen Tod.

Dies geschah 1349. Europa litt unter einer Pestepidemie, umherziehende Hetzprediger verkündeten, die Seuche entstehe durch Brunnenvergiftungen, ausgeführt durch die Juden. In Erfurt existierte eine große

Jüdischer Grabstein in Erfurt. 12. Jahrhundert

mosaische Gemeinde. Ein Teil der Ratsherren wollte weiterhin ihren Fortbestand garantieren, andere sannen auf Umsturz und auf »Judenschlagen«. Der antisemitische Mob blieb stärker. Hundert Juden starben in ihrer Synagoge, andere verbrannten sich selbst.

Es war dies nicht der erste judenfeindliche Vorfall in der Stadt. Ein vergleichbares Pogrom hatte es bereits 1221 gegeben, im Zusammenhang mit der Kreuzzugsbewegung, die hier wie sonst von antisemitischen Ausschreitungen begleitet wurde. In Erfurt soll das Pogrom von friesischen Siedlern ausgegangen sein, Motiv wa-

Alte Synagoge

ren angebliche Ritualmorde: Juden hätten christliche Säuglinge geschlachtet, um deren Blut zu trinken.

Die jüdischen Traditionen Erfurts reichen weit zurück. Die freigelegten Mauerreste einer ersten Synagoge datieren auf das zehnte Jahrhundert. Die jüdischen Häuser standen unmittelbar neben denen der Christen, es gab kein separates Judenviertel.

Auch nach dem Pogrom von 1221 existierte weiterhin eine israelitische Gemeinde, mit einem Rabbiner, mit einem eigenen Tempel, einem eigenen Friedhof. Geschäftliche Verbindungen bestanden mit dem landgräflichen Hof ebenso wie mit der Stadt Lübeck. Die

Eingang zur Alten Synagoge

Kleine Synagoge

äußerliche Kennzeichnung durch einen Judenfleck galt auch in Erfurt; Geldzahlungen konnten davon befreien. Ein paar jüdische Kaufleute brachten es zu großem Wohlstand, neben Kalman von Wiehe war darunter auch eine Frau, Jutta Kophelin.

Das Pogrom von 1349 brachte das jüdische Leben in Erfurt zum Erliegen. Erst anderthalb Jahrzehnte später siedelten sich wieder Israeliten an. Ihre Gemeinde wuchs und war bald so attraktiv, dass Zuwanderer aus ganz Europa kamen und Erfurt zur größten jüdischen Stadt im deutschsprachigen Raume machten.

Ihr Ende begann 1420. Es war eine Zeit der wirtschaftlichen Krisen. Jüdische Familien wanderten ab, 1453 kündigte der Rat den Schutz der Gemeinde, der Exodus verstärkte sich. Im Jahre 1458 gab der Mainzer Erzbischof die Erlaubnis, dass Erfurt hinfort judenfrei

Kleine Synagoge. Inneraum

bleiben dürfe. Für mehr als drei Jahrhunderte blieb dies der Zustand. Die Synagoge, ein mehrfach veränderter und erweiterter Bau, wurde zu einem Lagerhaus, später eröffnete darin eine öffentliche Gaststätte mit Tanzdiele.

Am Himmel stand ein Gewitter. Blitze zuckten, einer davon schlug unmittelbar neben Luther ein, den der Luftdruck beiseite schleuderte. Sein Schrecken war abgrundtief. Dass er noch am Leben war, nahm er als Zeichen.

Der Blitz von Stotternheim

Seit 1530 gibt es die Lutherrose. Sie war das Siegel, mit dem der Wittenberger Reformator seine Korrespondenz versah; entworfen wurde es im Auftrag des sächsischen Prinzen und späteren Kurfürsten Johann Friedrich, genannt der Großmütige. Elemente sind ein schwarzes Kreuz in rotem Herzen, umkränzt von fünf weißen Blütenblättern, die ein goldener Ring umschließt. Luther sah darin die Zusammenfassung seiner Theologie.

Ikonografische Vorbilder boten Motive eines Kirchenfensters im Augustinerkloster von Erfurt. Hier lebte Martin Luther ab dem Jahre 1505 als Mönch. In die Stadt war er bereits früher gekommen, 1501. Dass er, wie es dann geschah, zum Geistlichen würde, war zunächst nicht ausgemacht.

Er stammte aus begüterten Verhältnissen. Sein Vater, der sich Luder schrieb (als Version des Vornamens Lothar), hatte sich vom einfachen Hauer emporgearbeitet zum Inhaber eines Kupferbergwerks in Mansfeld. Für Martin als dem ältesten seiner neun Kinder wünschte er sich eine akademische Ausbildung.

Der Junge wurde mit fünf Jahren Zögling einer Trivialschule. Der Unterricht dort fiel streng aus, Luther nannte die Anstalt »Eselsstall und Teufelsschule«, geleitet von »Tyrannen und Stockmeistern«, fünfzehn Mal sei er an einem einzigen Morgen mit der Rute gezüchtigt worden. Unterrichtssprache wie auch Unterrichtsinhalt waren das Lateinische. Wer deutsch sprach, wurde bestraft. Unterricht erfolgte außerdem im Schreiben,

Martin Luther. Porträt von Lucas Cranach dem Älteren. 1528

nicht jedoch im Rechnen, das Luther bis an sein Lebensende nicht beherrschte.

Nach fünf Jahren wechselte der Junge zu Schulen in Magdeburg und Eisenach, anschließend inskribierte er sich an der Universität Erfurt.

Er war jetzt achtzehn Jahre alt. Im Folgenden absolvierte er das Studium der »freien Künste«, eine Art philosophische Grundausbildung mit den Fächern Grammatik, Rhetorik, Dialektik, Arithmetik, Geometrie, Musik und Astronomie; die heutigen Inhalte dieser Disziplinen haben nicht sehr viel damit gemein. Wie für Studenten vorgeschrieben, wohnte er in einer Burse, einer Art Wohnheim, das seine hieß nach dem heiligen Georg, heute gehört es zu den Luther-Gedenkstätten Erfurts.

*Universität Erfurt.
Collegium Majus*

»Schon bei der Immatrikulation«, so Luther-Biograf Richard Friedenthal, »kam der alte, recht rau gehandhabte Brauch der ›Deposition‹ zu seinem Recht: der Absetzung des ›tierischen‹ Nichtstudenten, symbolisiert durch eine Kappe mit Hörnern und Eselsohren, die ihm abgerissen wurde, und eine kalte Dusche im Wasserkübel als ›Taufe‹ für den neugeborenen Akademiker... Die Uniform ähnelte der Priesterkleidung, und die allgemeinen Studenten waren ja auch angehende Geistliche. Aber jeder trug eine Waffe, das kurze Schwert, an der Seite des Talars, und nicht nur zum Schmuck. Raufhändel waren trotz der genauen Tagesordnung häufig... Offiziell gab es zu den Mahlzeiten, die sehr reichlich waren, Bier, doch begnügten sich damit sicherlich nicht alle. Die Burse, in der Luther wohnte, hieß ›die Biertasche‹«.

Luther war ein fleißiger Student. Im Januar 1505 bestand er sein Magisterexamen, danach, ab dem Sommersemester, wollte er Rechtswissenschaft studieren. Die Bücher, die er dafür benötigte, kaufte er im benachbarten Gotha. Wie üblich ging er die Strecke dorthin zu Fuß. Auf dem Rückweg dann, nahe der Ortschaft Stotternheim, hatte er ein Erlebnis, das seine gesamte Existenz radikal verändern sollte

Es war warm. Am Himmel stand ein Gewitter. Blitze zuckten, einer davon schlug unmittelbar neben Luther ein, den der Luftdruck beiseite schleuderte. Sein Schrecken war abgrundtief. Dass er noch am Leben war, nahm er als Zeichen. Er tat den Schwur, seine Existenz hinfort Gott zu weihen und ein Mönch zu werden. Zurück in Erfurt, richtete er noch eine Abschiedsfeier für seine Kommilitonen, danach bat er um Aufnahme in das Schwarze Kloster der Augustiner-Eremiten. Sein Vater war entsetzt über diesen Schritt.

Die Augustiner gehörten, wie Franziskaner, Dominikanern und Karmelitern, zu den im Hochmittelalter entstandenen Bettelorden. Alle vier hielten streng auf die für das monastische Leben verbindlichen Regel des heiligen Benedikt, bei anderen Kongregationen wurden sie inzwischen nurmehr recht lax befolgt. Die neuen Orden – zum erfolgreichen Bettel bedarf es eines Publikums – siedelten bevorzugt in Städten.

Ihre Gründerzeit lag jetzt um die drei Jahrhunderte zurück; auch bei den Bettelorden hatten Zeit und Routine an der strengen Observanz gezehrt. Das Schwarze

Luther als Mönch. Holzschnitt. 1520

Kloster in Erfurt war nichts weniger denn arm: Man habe immer genug zu essen und zu trinken gehabt, berichtet Luther, und das Fasten wurde nur maßvoll betrieben.

Der Novize Martin war eine unbändige Natur, streitlustig und rechthaberisch, manchmal aufbrausend, manchmal depressiv. Das geordnete Klosterleben tat ihm gut, was er freilich später nicht mehr wahrhaben wollte. Er lebte konsequent nach der Regel. Er war darin eifriger als viele seiner Mitbrüder. Er vertiefte sich in theologische Schriften und ergänzte die philosophische Grundausbildung seiner Universitätsjahre durch ein umfassendes geistliches Studium. 1507 wurde er zum Priester geweiht. Johannes von Staupitz, Generalvikar des Ordens, ein ebenso gütiger wie hochgebildeter Mann, wurde sein Förderer. Staupitz sorgte dafür, dass sein Schützling nach Wittenberg berufen wurde, um dort zu lehren.

Außerdem unternahm Luther eine Reise nach Rom, als Begleiter eines Mitbruders, der ausgesandt war, etwelche Ordensprobleme zu klären. Luther blieb vier Wochen in der Heiligen Stadt. Später hat er geäußert, die Verkommenheit des Papismus sei ihm bereits damals deutlich geworden, doch handelt es sich hierbei offenkundig um eine Behauptung ex post. Das Rom jener Jahre hatte die Anmutung einer heruntergekommenen Landstadt, der Petersdom war Baustelle; Nürnberg, das die beiden Augustinermönche bei ihrer Reise passierten, war ungleich größer und wohlhabender, und das galt gleichermaßen für den Ort, in den sie schließlich zurückkehrten, also Erfurt.

Augustinerkloster. Ansichtspostkarte. Um 1900

*Lutherdenkmal vor der Kaufmannskirche.
Bronze von Fritz Schaper. 1889*

1511 ging Luther endgültig nach Wittenberg. Ließ sich der spätere Reformator jetzt schon vermuten? »Nichts lag Luther ferner, als ein Rebell zu werden«, sagt Friedenthal. »Er war eine von Grund auf konservative Natur und ist das in vieler Hinsicht stets geblieben. Er erkannte die Ordnung der Dinge an, wie sie nach seiner Auffassung von Gott gegeben war.«

In solcher Überzeugung hatte ihn sein Aufenthalt im Augustinerkloster von Erfurt bestätigt. Er besaß die erforderlichen theologischen Kenntnisse und erstrebte eine möglichst vollkommene Übereinstimmung von Religion und Leben. Freilich, die Ordnung der Dinge, auf die er traf, konnte unmöglich von Gott so gegeben sein. Oder lag es an ihm? War seine Sicht etwa falsch? Hatten andere Recht, und er hatte Unrecht? Oder missverstand er seinen Gott? Auskunft und Tröstung suchte und fand er in der Bibel. »Hier spürte ich, dass ich völlig neu geboren sei und dass ich durch die geöffneten Pforten in das Paradies selbst eingetreten sei und da erschien mir von nun ab die Schrift in einem ganz anderen Licht.« So hat er selbst später gesagt.

Beschrieben wird etwas, das sich wahrscheinlich um 1512 ereignete und als heimliche Geburtsstunde der Luther-Reformation gilt. Üblicherweise heißt es das Turmerlebnis, denn der Ort war Luthers Turmzimmer in Wittenberg. Der Turm gehörte zum dortigen Schwarzen Kloster. Auch darin bestand die heimliche Verbindung zu Erfurt fort, ob sie Luther bewusst war oder nicht.

Der letzte Statthalter in Erfurt hieß Karl Theodor von Dalberg. Er regierte drei Jahrzehnte und wurde später außerdem Erzbischof von Mainz. Im politischen und Geistesleben seiner Zeit spielte er eine herausgehobene Rolle.

Administratoren

Jene Fähigkeit, die Martin Luther fehlte, das Rechnen, beherrschte in höchstem Maße ein Mann, der wie Luther einige Jahre in Erfurt verbrachte. Adam Ries aus dem oberfränkischen Staffelstein lebte hier von 1518 bis 1522. Er lebte hier als Rechenmeister.

Dies war ein eigenständiger Beruf, da mathematische Kenntnisse nicht nur im Fall des späteren Reformators weithin ungeläufig waren. Die üblichen Lateinschulen lehrten sie nicht. Wer sie erwerben wollte, besuchte eine Rechenschule und benutzte von Rechenmeistern verfasste Lehrbücher. Ries schrieb deren mehrere; eines, in Erfurt gedruckt, hieß »Rechnung auff der linihen« und erläuterte das Rechnen mittels Abakus. Es war, der Titel macht das deutlich, nicht im sonst üblichen Latein abgefasst, sondern auf Deutsch. Auch dies hat Ries mit Luther gemeinsam.

Er verwendete arabische Ziffern statt der bis dahin üblichen lateinischen; er war es, der diese Zahlenschrift durchsetzte. In Erfurt betrieb er eine Rechenschule und schrieb noch eine erweiterte Fassung seines Lehrbuches, ehe er ins sächsische Annaberg ging, wo er für das dortige Silberbergwerk tätig wurde.

Rechnung und Rechnen sind unabdingbar im Geschäftsleben. Erfurt war, als Ries dort lebte, weiterhin eine wirtschaftlich bedeutende Stadt. Allerdings erlebte sie jetzt Krisen und Unruhen, die vermutlich der Grund für den Fortgang des Rechenmeisters Ries waren.

Erfurt büßte sein überaus einträgliches Messeprivileg ein. Kaiser Maximilian I. hatte es an Leipzig verge-

*Adam Ries.
Holzschnitt. 1550*

ben, der Verlust wog für Erfurt schwer. Dann traf der von Patriziern beherrschte Rat etliche finanzielle Fehlentscheidungen, 1509 erwies sich, dass die Stadtkasse zahlungsunfähig war. Die öffentliche Schuldenlast belief sich auf sechshunderttausend Gulden.

Es kam zu Aufruhr. Angehörigen der niederen Stände bildeten heimlich eine Kampftruppe, die »Schwarze Rotte«. Ihre Verschwörung flog auf, Ratsherr Heinrich Kellner, Hauptverantwortlicher für das städtische Finanzgebaren, ließ die Geheimbündler verhaften und einkerkern. Als Antwort kam es zu einem Sturm auf die Ratsversammlung.

Das rief sowohl den Mainzer Erzbischof als auch die sächsischen Herzöge auf den Plan. Die Wettiner paktierten mit den Patriziern, Mainz paktierte mit den Zünften und setzte damit auf die stärkere politische Kraft. Ratsherr Kellner wurde gestürzt, gefoltert und gehenkt.

Hierauf sperrten die Wettiner sämtliche Handelswege nach Erfurt. Zusätzlich brachen Unruhen an der Universität aus: Studenten solidarisierten sich mit den entmachteten Patriziern, Handwerker stürmten Universitätseinrichtungen, Hochschulpersonal und Patrizier flohen die Stadt.

1510 gilt als »tolles Jahr«. Auch danach kam es immer wieder zu gewaltsamen Auseinandersetzungen. Die Zentrale in Mainz verstärkte ihren Einfluss. Die sächsischen Herzöge verlangten Zahlungen. 1517 konnte endlich ein Vertrag geschlossen werden, der die Handelsblockade durch die Wettiner aufhob.

Die Reformation Martin Luthers ergriff Erfurt. Der Pfaffensturm von 1521 schränkte Macht und Privilegien des Klerus ein. Im Dom fanden abwechselnd katholische und protestantische Gottesdienste statt. Die Klöster wurden säkularisiert, Kirchgemeinden neu geordnet. 1530 sicherte der Mainzer Erzbischof den Erfurtern vertraglich konfessionelle Parität zu, was bedeutete: Ein papistischer Kirchenfürst garantierte die Glaubensfreiheit seiner evangelischen Untertanen. Allmählich erholte sich die Wirtschaft der Stadt. Die alte Macht allerdings stellte sich nicht wieder ein.

Der Dreißigjährige Krieg, der als konfessioneller Konflikt begonnen hatte, kam auch nach Erfurt. Es gab eine Besetzung durch die evangelischen Schweden. Anschließend schränkte das katholische Mainz die Freiheit der Erfurter Protestanten ein. Die Spannungen zwischen der Stadt und der erzbischöflichen Zentrale

*Caspar Merian:
Johann Philipp
von Schönborn.
Buchillustration. 1658*

überdauerten den Friedensschluss von Münster und Osnabrück, 1664 marschierte eine mainzische Fünfzehntausend-Mann-Armee auf Erfurt. Die Stadt kapitulierte und verlor den Rest ihrer Autonomie. Fortan unterstand sie, zusammen mit dem Eichsfeld, einem vom Erzbischof eingesetzten Statthalter.

Der Kurmainzer Feldherr von 1664 hieß Johann Philipp von Schönborn. Seine Sippe sollte das Bistum noch mit weiteren Kirchenfürsten beliefern. Statthalter in Erfurt gab es insgesamt zwölf, manche waren einigermaßen tüchtig, wie der Reichsgraf Philipp Wilhelm von Boineburg, der einiges für den wirtschaftlichen Aufschwung Erfurts geleistet hat.

Anton Wilhelm Tischbein: Karl Theodor Anton Maria von Dalberg. Um 1791

1682/83 wütete die Pest in der Stadt. Die Epidemie war heftiger als die in den Jahren 1221 und 1449, weit mehr als die Hälfte der Einwohner wurde dahingerafft. Juden konnten dafür nicht verantwortlich gemacht werden, da es sie hier nicht mehr gab.

Der letzte Statthalter in Erfurt hieß Karl Theodor von Dalberg. Er regierte drei Jahrzehnte und wurde später außerdem Erzbischof von Mainz. Im politischen und Geistesleben seiner Zeit spielte er eine herausgehobene Rolle.

Der Sohn eines kaiserlichen Kammerherrn aus Mannheim wählte die geistliche Laufbahn aus eigenem Entschluss. Hochbegabt und vielseitig interessiert, studierte er in Heidelberg Rechtswissenschaften und unternahm Bildungsreisen nach Frankreich und Italien, wo er unter anderem Bekanntschaft mit dem Altertumswissenschaftler Johann Joachim Winckelmann

Die Humboldt-Brüder, Goethe und Schiller. Holzstich. 1860

schloss. 1766 trat er in Kurmainzer Dienste, 1771 wurde er nach Erfurt entsandt.

Dort suchte er Verbindungen in das benachbarte Weimar: nicht aus politischem, sondern aus musischem Interesse, denn er war auch ein Schöngeist. Er verkehrte mit Schiller, mit Wieland, mit Goethe, der tiefgläubige Katholik verstand sich als Anhänger der Aufklärung und Sympathisant der Freimaurerbewegung. Er reorganisierte die Erfurter Universität, er förderte die Erfurter Volksbildung, zusätzlich übernahm er Ämter im Kurmainzer Erzbistum, damals eine der größten Feudalherrschaften in Deutschland, sie reichte von Konstanz über Worms und Würzburg bis ins Eichsfeld.

Kurmainzische Statthalterei

Dalbergs große Zeit kam in der Folge der Französischen Revolution. Mainz war 1803 an Frankreich gefallen. Dalberg wurde Erzbischof über die rechtsrheinischen Territorien des Bistums, arrondierte sie durch weiteren Kirchenbesitz und wurde zusätzlich Erzbischof von Regensburg. Er nahm an der Kaiserkrönung Napoleons teil. Von dem französischen Herrscher ließ er sich bewegen, als Fürstprimas an die Spitze des Rheinbundes zu treten, jene deutsche Konföderation, deren einziger Zweck es war, Napoleon mit Soldaten zu beliefern. 1811 nahm Dalberg am Pariser Nationalkonvent teil und war von Gnaden des Kaisers außerdem noch Großherzog von Frankfurt.

Dalberg erstrebte eine Art politischer Balance zwischen *Ancien Régime* und Revolution, zwischen Kirche und Napoleon, zwischen Fortschritt und Reaktion. Sie

Napoleon in Erfurt. Gemälde Nicolas Gosse. 19. Jahrhundert

gelang ihm nicht. Er galt als Protegé des Franzosenkaisers und verdarb es sich dadurch sowohl mit dem Papst als auch mit den deutschen Patrioten. Als die Befreiungskriege begannen, ging seine politische Laufbahn zu Ende. Er war jetzt nur mehr Bischof von Regensburg, nahm ausschließlich seine geistlichen Pflichten wahr und starb 1817 an einem Schlaganfall. Im Mittelschiff des Regensburger Doms liegt er begraben.

Sein Amt in Erfurt hatte er bereits 1802 aufgegeben, als die Stadt, übrigens auf seine Vermittlung hin, an Preußen fiel. 1806, nach der Schlacht bei Jena und Auerstedt, besetzten französische Truppen die Stadt. 1808 kam es hier zu einem Treffen zwischen Napoleon und dem russischen Zaren.

Es war dies eine äußerst pompöse Veranstaltung, mit Empfängen, Ausflügen, Jagden; die beiden Majestä-

Wandmalerei auf der Zitadelle

ten zeigten sich gern in der Öffentlichkeit und demonstrierten dabei ihr Einvernehmen. An den Abenden gab es Theateraufführungen der aus Paris herbeigerufenen Comédie française, die trat auf im Kaisersaal, jenem Erfurter Veranstaltungsort, der seither diesen Namen trägt. Am Ende schlossen die zwei Herrscher feierlich einen Bündnisvertrag, den sie beide nicht einhalten würden.

Nach den Befreiungskriegen blieb Erfurt weiterhin preußisch. Die neuen Herrscher lösten die Universität auf, ähnlich jener von Frankfurt an der Oder und beide Male zugunsten der neu gegründeten Berliner Universität.

Deren Schöpfer Wilhelm von Humboldt hatte 1791 in Erfurt Caroline von Dacheröden geehelicht und lebte in der Folgezeit nahebei.

Caroline schrieb 1789 in einem Brief:

»Direkt Böses findet man gewiss selten unter den Menschen, aber Schwäche, eiserne Vorstellungen von Pflichten, Unglauben an andre, ungraziöses Wesen, Eitelkeit, Intoleranz für jede Idee, die außer ihrem Gesichtskreis liegt, dies alles ist mehr oder weniger in den meisten Menschen verwebt ...«

Erfurter Erfahrungen. Sie trafen nicht nur auf Erfurt zu, auf Erfurt aber auch.

Einst waren, nicht nur in Erfurt, die Häuser einer Stadt nicht durchnummeriert. Sie trugen Eigennamen, üblicherweise abgeleitet von äußerlichen Merkmalen. In Erfurt stehen mehrere davon und heißen weiterhin so.

Altstadthäuser

Erfurt besitzt einen der größten und besterhaltenen mittelalterlichen Stadtkerne in ganz Deutschland. Der Bestand an historischen Bauwerken, sakralen wie profanen, ist beeindruckend.

Den Mittelpunkt bildet der Fischmarkt mit dem sogenannten Römer: einer zwei Meter hohen, auf eine Säule postierten Sandsteinfigur. Sie sollte sein, was andernorts der Roland war, hochmittelalterliches Symbol für Stadtrecht und Gerichtshoheit. Die Figur in Erfurt steht freilich erst seit 1561 und war von daher nicht mehr als eine sentimentale Geste. Der Schöpfer ist namentlich bekannt: Israel von Miha.

Das Rathaus ist jünger. Der Bau im neogotischen Stil wurde 1882 abgeschlossen und verdrängte eine Reihe älterer Häuser. Er blieb nicht das einzige moderne Implantat in der Altstadt, man trifft dergleichen immer wieder, meist fügt es sich in die überkommenen Zusammenhänge mit der nötigen Dezenz.

Prächtigstes Gebäude am Fischmarkt ist das Haus zum Breiten Herd, eine überreich geschmückte Renaissance-Architektur mit vollplastischen Figuren an der Fassade, errichtet hat es 1584 der Stadtvogt Heinrich von Dennstedt. Noch älter ist das Haus zum Roten Ochsen, gleichfalls am Fischmarkt; erstmals 1392 erwähnt, ließ es der Waidkaufmann und Oberratsmeister Jacob Naffzer 1562 im Stil der Hochrenaissance umbauen. Inzwischen dient es als Kunsthalle.

Einst waren, nicht nur in Erfurt, die Häuser einer Stadt nicht durchnummeriert, sondern trugen Ei-

*Römerstatur auf dem Fischmarkt.
Plastik von Israel von der Milla. 1591*

gennamen, üblicherweise abgeleitet von äußerlichen Merkmalen. In Erfurt stehen mehrere davon und heißen weiterhin so: das Haus zum Schwarzen Horn, das Haus zum Goldenen Einhorn, das Haus zum Stockfisch, der Hof zum Güldenen Krönbacken. Die Namen machen aufmerksam auf eine Herkunft aus Zeiten zwischen Spätmittelalter und Barock.

Dergleichen gilt auch für Erfurts prominentestes Altstadtensemble, die Krämerbrücke. Sie überspannt den Breitstrom, einen Seitenarm der Gera, und ist beidseitig mit Fachwerkhäusern bestückt. In mittelalterlichen Städten war dies weithin üblich. Heute finden sich derartige Brücken noch in Italien, ansatzweise in Zürich und Bamberg. Erfurt stellt nördlich der Alpen das einzige vollerhaltene Baudenkmal dieses Typus.

Die Krämerbrücke ist hundertzwanzig Meter lang und fünfundzwanzig Meter breit. Sie war Teil der Via regia und ursprünglich ein Holzkonstrukt. Nach zahlreichen Bränden wurde 1293 mit dem Bau in Stein begonnen, beide Brückenenden flankierten Kirchen mit Tordurchfahrten. Massive Häuser gab es ab 1325, heute stehen davon noch zweiunddreißig. Fast durchweg enthalten sie Läden, die Souvenirs feilbieten und Kunstgewerbe, womit sich die Tradition fortsetzt, denn dies war immer ein Ort für den Handel.

Die Krämerbrücke durfte sich der Denkmalpflege durch die DDR erfreuen. Mit dem nördlich des Domplatzes gelegenen Andreasviertel verhielt es sich anders. Zuletzt drohte sein Abriss, wogegen die Bevölkerung massiven Protest erhob. Die Demonstrationen, die daraus folgten, mündeten in den politischen Umsturz des Herbst 1989. Das Andreasviertel wurde gerettet und inzwischen saniert.

Krämerbrücke

Haus zum Breiten Herd und Gildehaus

Es blieb nicht das einzige Quartier, das denkmalpflegerische Zuwendung erfuhr. Wenige Städte in Deutschland können eine derart aufwendige und mustergültige Sanierung ihrer historischen Bausubstanz vorweisen. Der Gang durch die Michaelisstraße oder die Johannisstraße führt von einer hinreißenden Fassade zur nächsten, Fachwerk wechselt mit massiven Steinfronten, das geht bis zur einstigen Kurmainzischen Statthalterei, einer prachtvollen zwischen 1713 und 1722 entstandenen Arbeit des Mainzer Oberbaudirektors Johann Maximilian von Welsch. Heute residiert hier die thüringische Staatskanzlei.

Welschs Spezialität war der Festungsbau. Auch an der Zitadelle auf dem Petersberg hat er sich beteiligt. In Auftrag gab sie Johann Philipp von Schönburg, der den

Haus zum Roten Ochsen

Erfurtern die städtische Selbständigkeit nahm; die Fortifikation sollte der Ausdruck absolutistischer Machtansprüche sein. Die Erfurter murrten: Nun müssten sie unter Kanonen leben. Heute ist dies die größte erhaltene Barockfortifikation in Deutschland.

Mittelpunkt der Stadt im 19. Jahrhundert wurde der Anger. Die Zeit des Färberwaids war vorbei, man blieb beim Pflanzlichen: Erfurt hatte als neuen umsatzstarken Wirtschaftszweig die Samenzucht und den Blumenanbau erschlossen.

Es gibt das Angermuseum, hervorgegangen aus einer privaten Schenkung; neben seiner Mittelaltersammlung und Wechselausstellungen ist es berühmt für seine Fresken, die, unter dem Motto »Lebensstufen«, der Expressionist Ernst Heckel schuf.

Vor der Mikwe

Am Rande des Angers steht ein großes Martin-Luther-Denkmal. Enthüllt wurde es 1889 und ist eine Schöpfung des Berliner Bildhauers Fritz Schaper, der sich anderswo an Gauß, Goethe und immer wieder dem Großen Kurfürsten versuchte. Luthers Erfurter Aufenthalt, das Augustinerkloster samt Augustinerkirche, ergänzen moderne Anbauten; ebenso wie die nahe Georgenburse, Luthers Studentenbleibe, dient es auch als Begegnungsstätte.

Nicht weit davon entfernt, nahe der Krämerbrücke, steht die Alte Synagoge. Das Gebäude mit seiner langen Bau- und Nutzungsgeschichte wurde erst ab 1992 freigelegt und saniert, seit 2009 dient es als Museum. Die jahrhundertlange Profanierung bewahrte den Bau vor judenfeindlichen Heimsuchungen; erhalten blieb eine der ältesten Synagogalarchitekturen in Mitteleuropa, von vergleichbarem Rang wie die Altneuschul in Prag. Das Museum zeigt den wiedergefundenen Schatz des Kalman von Wiehe, dazu alte hebräische Handschriften, Schautafeln dokumentieren die wechselvolle Geschichte der Erfurter Judenheit. 2007 wurde wenige Straßen weiter eine alte Mikwe entdeckt und freigelegt, ein jüdisches Ritualbad. Die Religion schrieb vor, alle Unreinheit durch Eintauchen des ganzen Körpers abzuwaschen. Dafür war lebendiges, also fließendes Wasser erforderlich, wozu üblicherweise Grundwasser diente. Die Mikwen, auch jene Erfurts, liegen deswegen oft sehr tief.

Der Besuch in Erfurt war einer der großen Momente in der Neuen Ostpolitik Willy Brandts. Sie musste sich gegen heftige innenpolitische Widerstände durchsetzen. Am Ende würde sie in die staatliche Wiedervereinigung der Deutschen führen.

Besitz der politischen Macht

Nach dem Fürstenkongress von 1808 war Erfurt noch dreimal der Schauplatz politischer Ereignisse, deren Bedeutung die lokalen Grenzen überschritt.

1850 tagte hier das Unionsparlament. Zusammen kamen Abgeordnete der aufgelösten Frankfurter Paulskirchenversammlung; wiederum diente als Versammlungsort ein Sakralgebäude, Luthers Augustinerkloster. Ein paar Ideen von 1848/49 sollten gerettet und in eine neue kleindeutsche Verfassung eingebracht werden; die Idee stammte von dem preußischen Politiker Joseph von Radowitz.

Man tagte zwei Monate. Man tagte in zwei Kammern. Zu den Deputierten gehörte Otto von Bismarck; er und die übrigen Konservativen stimmten gegen den Verfassungsentwurf, die Mehrheit billigte ihn. Zur Anwendung kam er gleichwohl nicht: Außenpolitischer Druck ließ ihn scheitern.

1891 tagte im Erfurter Kaisersaal ein Parteitag der SPD, als die erste Großveranstaltung der Partei nach Aufhebung von Bismarcks Sozialistengesetz. Zweihundertfünfunddreißig Delegierte erschienen, die Kongressleitung hatte August Bebel, wichtige Teilnehmer waren Wilhelm Liebknecht, Karl Kautsky und Eduard Bernstein. Einstimmig wurde ein neues Programm verabschiedet, es ersetzte die bisherige, 1875 im benachbarten Gotha beschlossene Fassung.

Gotha war der Ort, in dem die beiden bis dahin selbständigen deutschen Arbeiterverbände organisatorisch zueinander fanden. Das Programm, das sie sich bei die-

*August Bebel.
Fotografie. 1898*

ser Gelegenheit gaben, fand die harsche Kritik des in London lebenden Karl Marx, der es als zu reformistisch und als zu wenig internationalistisch bewertete. Marx war seit acht Jahren tot. Sein ideologischer Nachlassverwalter Friedrich Engels ließ in Erfurt seinen Knappen Kautsky auftreten.

»Der Kampf der Arbeiterklasse gegen die kapitalistische Ausbeutung ist notwendigerweise ein politischer Kampf. Die Arbeiterklasse kann ihre ökonomischen Kämpfe nicht führen und ihre ökonomische Organisation nicht entwickeln ohne politische Rechte. Sie kann den Übergang der Produktionsmittel in den Besitz der Gesamtheit nicht bewirken, ohne in den Besitz der politischen Macht gekommen zu sein.«

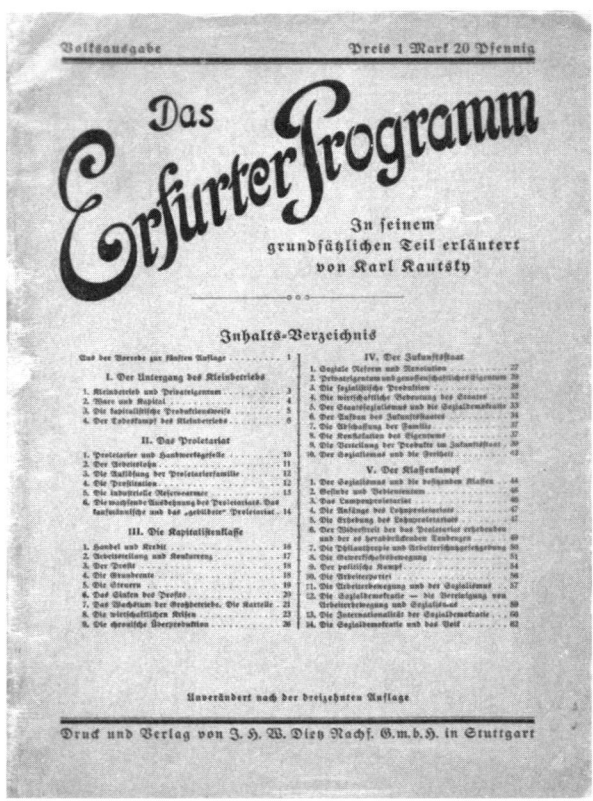

Erfurter Grundsatzprogramm der SPD

Starke Worte. Der Wortlaut des neuen Programms fand den Beifall von Friedrich Engels, der Text diente als Vorbild für die Programme sozialistischer Parteien anderswo. Mit dem Erfurter Parteitag begann die Karriere der Sozialdemokratie zur stärksten politischen Partei im deutschen Kaiserreich.

Besuch Willy Brandts in Erfurt

Achtzig Jahre danach hieß der SPD-Führer Willy Brandt. Im März 1970 reiste er, Kanzler der westdeutschen Bundesrepublik, zu einem Treffen mit dem DDR-Regierungschef nach Erfurt. Brandt-Biograf Peter Merseburger schildert das Geschehen:

»Willi Stoph, der Vorsitzende des DDR-Ministerrats, begrüßt Brandt auf dem Bahnsteig, höflich, knöchern und ein wenig steif. Willy-Willy-Rufe werden laut, die beiden Regierungschefs hätten gelten können. Auf dem Bahnhofsvorplatz haben sich Tausende Erfurter eingefunden, durchbrechen den Polizeikordon und lassen nun keinen Zweifel, welchen der beiden Willys sie meinen: ›Willy Brandt! Willy Brandt!‹ Und wenig später, deutlicher, drängender und im Sprechchor: ›Willy Brandt ans Fenster!‹ Brandt zögert, wägt ab: Einerseits gibt es die Pflicht, den Gastgeber nicht zu verletzen, auch mag er die Atmosphäre der kommenden Gespräche nicht belasten; andererseits will er die erregte Menge nicht enttäuschen, die sich fast tollkühn vorwagt und nach ihm verlangt. Schließlich kommt es zu jener berühmten Szene, die zum Symbol wird für den schwierigen Auftakt seiner Ostpolitik. Soll sie Erfolg haben, braucht sie Behutsamkeit, langen Atem und darf die Herrschenden nicht direkt herausfordern. Er geht zum Fenster seines Erkerzimmers im ersten Stock des Erfurter Hofs, zeigt sich und mahnt durch eine Bewegung seiner Hände zur Zurückhaltung. Die Menge versteht und verstummt.«

Dies war einer der großen Momente in Brandts Neuer Ostpolitik. Sie musste sich gegen heftige innenpolitische Widerstände durchsetzen. Am Ende würde sie in die staatliche Wiedervereinigung der Deutschen führen.

DDR-Ansichtspostkarte

Als Goethe 1808 in Erfurt sein Treffen mit dem siegreichen Franzosenkaiser Napoleon hatte, erschien er als Weimarer Minister. Seine Notizen über das Treffen sind eine reizende Lektüre.

Schöngeistiges

Eoban Koch, der sich später Helius Eobanus Hessus nannte, war ein deutscher Dichter des Reformationszeitalters. Seine heute vergessenen Verse schrieb er auf Latein. Er hat in Erfurt studiert, war hier Universitätsrektor und stand einem Kreis von Humanisten vor, von denen die meisten Anhänger Martin Luthers waren. »Luther«, so Eobanus, »hat als der erste unsrer Zeit das Unkraut auf Christi Acker nicht bloß gesehen, sondern zugleich auch gewagt, mit kräftiger Hacke, mit tüchtiger Hand alles Schädliche zu jäten.« Ein anderer Humanist und Luther-Anhänger war Ulrich von Hutten, gleichfalls auf Zeit in Erfurt Student.

Der Barockkomponist Johann Pachelbel, dessen Kanon zu den Klassik-Ohrwürmern zählt, wirkte zwölf Jahre lang an der Erfurter Predigerkirche als Organist. Er erteilte in diesem Instrument auch Unterricht, so dem älteren Bruder Johann Sebastian Bachs mit Vornamen Johann Christoph, der dann seinerseits das berühmtere Geschwister unterwies.

Noch andere Mitglieder dieser hochmusikalischen Familie lebten in Erfurt, die Stadt sahen sie als ihren »Hauptsammelpunkt«. Sie waren hier Stadtpfeifer. Das galt als ein Handwerksberuf. Erfurt blieb ein Produktions- und Handelsplatz, Schöngeistiges musste sich dem Kommerz und der daraus folgenden Politik unterordnen.

Anton Reiser erlebt 1776 die Stadt »mit dem alten Dom, den vielen Türmen, den hohen Wällen und dem Petersberge ... Die Hitze der Mittagssonne hatte sich

Inneres der Predigerkirche

Erfurtpanorama. Ansichtspostkarte. Um 1900

schon gelegt – die Leute gingen vor dem Tore spazieren ... Eine so große Stadt wie diese hatte er nun noch nicht gesehen ...« Reisers Erfinder, der Goethe-Zeitgenosse Karl Philipp Moritz, hatte in Erfurt Theologie studieren wollen; sein Romanbuch ist eine maskierte Autobiografie.

Als Goethe in Erfurt 1808 sein Treffen mit Napoleon hatte, erschien er als Weimarer Minister. Seine Notizen über das Treffen sind eine reizende Lektüre:

»Trete ein.

Der Kaiser sitzt an einem großen runden Tische frühstückend; zu seiner Rechten steht etwas entfernt vom Tische Talleyrand, zu seiner Linken ziemlich nah Daru, mit dem er sich über die Kontributionsangelegenheiten unterhält.

Der Kaiser winkt mir heranzukommen.

Ich bleibe in schicklicher Entfernung vor ihm stehen.

Nachdem er mich aufmerksam angeblickt, sagte er: ›Vous êtes un homme.‹

Ich verbeuge mich.

Er fragt: Wie alt seid Ihr?

Sechzig Jahr.

Ihr habt euch gut erhalten – Ihr habt Trauerspiele geschrieben.

Ich antwortete das Notwendigste.«

So geht es weiter. Die Unterhaltung wechselt zu Goethes »Werther«, zu Goethes Familie, zu Herzogin Anna Amalia. Goethe: »Dabei muss ich überhaupt bemerken, dass ich im ganzen Gespräch die Mannigfaltigkeit seiner Beifallsäußerungen zu bewundern hatte …«

Anderthalb Jahrhunderte später erinnerte sich der tschechische Romancier Milan Kundera dieser Begegnung und paraphrasierte sie ausführlich in seinem Essay-Roman »Die Unsterblichkeit«, ganz im Sinne des Titels: »Goethe konnte es nicht auf die leichte Schulter nehmen, wenn ein Unsterblicher ihn zu einer Audienz bat … Napoleon schaut ihn an und schiebt seine Rechte so unter die Weste, dass die Handfläche die unterste linke Rippe berührt.« Anschließend steckt er sich mit der Gabel Fleisch in den Mund. Die Unterhaltung bleibt banal, Goethe sinniert über die eigene Unsterblichkeit.

Nur drei Jahre jünger als Kundera ist der im Rheinland beheimatete Autor Jürgen Becker. Prägende Jugendjahre hat er in Erfurt verbracht, sein 1999 erschienener Roman »Aus der Geschichte der Trennungen« spielt vorwiegend in jener Zeit. Erzählt werden die

Geraarm

(wohl autobiografisch bestimmten) Erlebnisse des Helden rund um das letzte Kriegende, mit Hitlerjugend, Schule und Besatzung erst durch die amerikanische, dann durch die Rote Armee. Nach der deutschen Wiedervereinigung reist der Held in die »verloren geglaubten Provinzen der Kindheit« nach Erfurt:

»Da saß ein Mann im Zug und fuhr in die hinein, begleitet von der Angst, es könnte wiederum nur der Traum sein, der jahrzehntelang wie ein Film durch seine Nächte gelaufen war, der Film vom Verlassen der hohen Bahnhofshalle und vom langsamen Gehen über den Bahnhofsvorplatz; gegenüber breitet sich das Gebäude des Hotels Kossenhaschen aus; seit er in den Fernsehnachrichten den Platz und das Gebäude wiedergesehen hatte mit dem im Fenster erscheinenden Willy Brandt, wusste er auch im Traum, dass sich das Hotel jetzt Erfurter Hof nannte, ... der Traum wiederholte sich ja jedes Jahr mindestens einmal, und mit jeder Wiederholung schien er an Realität zuzunehmen und die Passage der Bahnhofsunterführung, die Brücke über die Gera, dass in dem Augenblick, als er am Mittag des dritten Oktober neunzehnhundertneunzig aus der Bahnhofshalle hinaustrat, auf dem Platz zwischen Post, Reichsbahndirektion und Erfurter Hof stand, links in die Tiefe der Bahnunterführung und rechts in die Schlucht der Bahnhofsstraße blickte, die zurückgekehrte sich mit der nun beginnenden Zeit vereinigte.«

Erfurt als Traumziel? Das Urteil hat, denke ich, seine Richtigkeit auch jenseits von Romanen.

Thomas Mann oder Stefan Zweig hatte er zuerst auf Russisch gelesen. Viel später zwang er sich, nach dem Original zu greifen. Dennoch, die Verse Puschkins berührten die Seele, während Goethes »Faust« über den Kopf kam.

Das schreiben, was man will

Der schöngeistige Autor Jürgen Becker ging frühzeitig aus Erfurt fort und kam lediglich als Besucher zurück. Ein anderer schöngeistiger Autor zog nach Erfurt und ist dort geblieben. Er heißt Sergej Lochthofen.

Man kennt ihn als gelegentlichen Teilnehmer an politischen TV-Diskussionen, in denen er sachkundig über Zustände und Ereignisse in den neuen Bundesländern redet. Von Hause aus ist er nämlich Journalist, und es war eben dieser Beruf, der ihn nach Erfurt führte.

Geboren wurde er, sein russischer Vorname deutet es an, in der einstigen Sowjetunion, und zwar in Workuta am Polarkreis, in einem Straflager des roten Diktators Josef Stalin. Der Vater Lorenz Lochthofen, ein deutscher Emigrant, war in Workuta Häftling. Dort heiratete er die Tochter eines sowjetischen Workuta-Häftlings, die Sergejs Mutter wurde.

Der Junge erlernte als erste Sprache das Russische. Nach Deutschland, will heißen: in die DDR, gelangte er in den 1950er-Jahren gemeinsam mit seinen Eltern. Der Vater machte in der DDR-Planwirtschaft Karriere. Er selber lernte jetzt Deutsch, überwiegend auf der Straße, Schulunterricht hatte er auf Russisch, in einer Einrichtung, die von der sowjetischen Besatzungsmacht unterhalten wurde, für Kinder von Soldaten und Offizieren der Roten Armee. Sergej Lochthofen besaß bis ins Erwachsenenalter einen sowjetischen Pass.

Der bewahrte ihn beispielsweise vor dem Dienst in der Nationalen Volksarmee und vor der Mitgliedschaft

Sergej Lochthofen

in der SED, er wechselte die Staatsangehörigkeit erst nach der deutschen Wiedervereinigung. Die Leidensgeschichte seiner Eltern verhinderte, dass er der im damaligen Osteuropa vorherrschenden Politdoktrin blindlings anhing. An der Universität Leipzig studiert er Journalistik, und seine anschließende Arbeitsstelle wurde die Redaktion des Erfurter SED-Tageblattes »Das Volk«.

Hier blieb er bis zum Zusammenbruch der DDR, und da er, soweit sich das in solcher Umgebung leisten ließ, eine unangepasste Existenz war, wurde er nach dem Zusammenbruch der Honecker-Herrschaft von der Redaktion zu deren Chef gewählt. Er blieb es, als das Blatt seinen Namen in Thüringer Allgemeine wechselte und neuer Eigentümer ein großes Zeitungshaus aus dem Ruhrgebiet war. Er blieb es bis zum Jahre

2009. Da wehrte er sich, aus einsehbarem Grund, gegen widersinnige Rationalisierungsmaßnahmen des westdeutschen Eigentümers und wurde entlassen.

Er schrieb ein Buch. Es war die romanhaft ausbereitete Lebensgeschichte seines Vaters und trug den Titel »Schwarzes Eis«. Das Buch wurde viel beachtet, der Verfasser trat damit öffentlich auf, auch in Russland. Er ließ ein zweites Buch folgen, das seine eigene Biografie beschreibt; beide Bücher hat er auch selbst ausgestattet, denn er besitzt einiges bildkünstlerisches Talent, ursprünglich wollte er Maler werden und hat für kurze Zeit auf der Krim eine Kunstschule besucht.

Der hochgewachsene Mann mit dem kurzgeschorenen weißen Haar und dem schwarzen Schnurrbart ist sehr lebhaft. Er kann gut erzählen. Sein Deutsch ist makellos und hat einen leicht thüringischen Anklang. Sein Hobby ist das Sammeln von Schellackplatten mit alten Schlagern.

Er bleibt eine bilinguale Existenz. »Deutsch war die Sprache, in der ich schrieb und in der ich mich täglich verständigte. Unser Verhältnis entwickelte sich nur langsam und war von herben Rückschlägen geprägt. Selbst Thomas Mann oder Stefan Zweig hatte ich zuerst auf Russisch gelesen. Erst viel später zwang ich mich, nach dem Original zu greifen. Dennoch, die Verse Puschkins berührten die Seele, während Goethes ›Faust‹ über den Kopf kam.«

Lochthofens zweites Buch, dessen Titel nach der in die DDR vorherrschenden Farbe »Grau« heißt, endet mit den Ereignissen des Herbsts 1989. Erzählt wird aus der Optik einer Parteizeitungsredaktion in der DDR-Provinzstadt Erfurt:

»Die Menschen waren aufgekratzt, getragen von dem wunderbaren Gefühl, als hätte jemand in einem unerträglich stickigen Raum endlich das Fenster aufgerissen. Die frische Luft versetzte sie in einen Rausch, besser als Champagner. Die Redaktion bot den Kontrast: Hier hielten sie die Fensterläden mit allen Kräften zu, in der Hoffnung, der Sturm möge an ihnen vorbeiziehen.

Verbal schlugen sie sich täglich in den Zeitungsseiten auf die Brust und waren begeisterte Anhänger der neuen Offenheit. Real hatten sie Angst. Die umso mehr, die in der Vergangenheit dafür sorgten, dass andere Angst hatten.

(...)

Wir saßen in diesem Konferenzraum und, egal, was wir sagten, egal, wie recht wir hatten, die Worte drangen einfach nicht durch. Stattdessen wurde man Zeuge bizarrer Gespräche, bei dem sich Journalisten auch Wochen danach brüsteten, noch immer nicht ›drüben‹ gewesen zu sein. Viele Kollegen weigerten sich, das Offensichtliche zu verstehen. Es schien hoffnungslos, dennoch war ich nicht bereit aufzugeben.

Die Zeitung musste sich frei machen. Frei vom Einfluss der Partei. Partei hieß immer Abhängigkeit. Partei hieß immer Einseitigkeit. Partei hieß Blindheit. All das, was einem den Lesern und dem Leben zugewandten Journalismus abträglich war. Endlich das schreiben, was man will und nicht das, was andere wollen.«

Er hat es in dem von ihm geleiteten Blatt getan und in seinen Büchern.

Zeichnung von Sergej Lochthofen

Alles machte einen fast schon üppigen Eindruck. Die Altstadt, in der sich das eine und andere Baugerüst erhob, quoll über von Besuchern.

Nebelfront

Erstmals habe ich die Stadt Erfurt als Student besucht, das ist lange her. Ich kam von einem Ferienaufenthalt aus Oberhof, hatte mir zuvor Schmalkalden angesehen und die dortigen mittelalterlichen Wandbilder nach einem Versepos des Hartmann von Aue. Ich sollte in Erfurt den Fernzug wechseln und hatte einen mehrstündigen Aufenthalt. Ich wanderte durch die Innenstadt bis zum Domhügel und bestaunte die Ästhetik der beiden gotischen Gotteshäuser.

Ich habe die Stadt später häufig besucht. Ich sah ihren schleichenden Verfall, die Krämerbrücke habe ich als eher unansehnliche Anlage in Erinnerung, die darunter fließende Gera als schmutziges Gewässer. Unmittelbar vor und nach dem politischen Zusammenbruch der DDR bin ich hierhergekommen. Damals herrschte in der Stadt, so erschien es mir, eine sonderbare Stimmung aus Lethargie, Hoffnung und Unentschiedenheit. Das anderswo vorhandene Aufbruchspathos konnte ich nicht wahrnehmen.

Inzwischen hat sich viel getan. Erfurt gehört zu den erkennbar prosperierenden Städten im östlichen Deutschland, darin vergleichbar Dresden und Potsdam. Was an denkmalspflegerischem Aufwand betrieben wurde, ist extraordinär. Bei einem meiner letzten Aufenthalte hatte man mich in einem Nobelhotel nahe der Krämerbrücke untergebracht. Alles hier machte einen fast schon üppigen Eindruck. Die Altstadt, in der sich das eine und andere Baugerüst erhob, quoll über von Besuchern. Die Restaurants und Cafés waren überfüllt.

Bahnhofsfassade

Ich ging zum Augustinerkloster. Hier hatte ich im Frühjahr 1990 an einer der damals zahlreichen Veranstaltungen teilgenommen, in denen es um die mögliche politische Zukunft ging, Veranstalter war Heino Falke gewesen, ein protestantischer Kirchenmann aus Erfurt, ein Wortführer der Bürgerrechtsbewegung in der DDR. Man kennt ihn heute kaum noch, und von vielen der damals geäußerten Vorschläge und Visionen blieben nichts als verwelkte Notizen.

Ich stand vor der Kurmainzischen Statthalterei, die im Jahre 1994 die Staatskanzlei des Freistaates Thüringen wurde. Einige Jahre meines Lebens habe ich in Mainz zugebracht, dessen Erzbischof bis 1802 Erfurt regierte. Die Ähnlichkeiten des Mainzer Barocks mit dem in Erfurt sind unübersehbar. Die einstige Statthalterei, prächtig herausgeputzt, ist eine architektonische Pre-

Zitadelle

ziose. Nicht viele Ministerpräsidenten in Deutschland verfügen über einen Amtssitz solchen Zuschnitts.

Bemerkenswert die Karriere von Petersberg und Zitadelle.

Die alte barocke Befestigungsanlage, wir sagten es, gehört zu den besterhaltenen Objekten dieser Art in Deutschland. Repräsentative Ästhetik stand da zunächst nicht im Vordergrund. Es ging um militärische Effizienz. Entstanden sind schließlich, nach allerlei teilweise durch Kriegshandlungen zerstörten Vorgängerbauten, eine sternförmig verlaufende Wehrmauer und mehrere Bastionen.

Bauherren waren die Mainzer Kurfürsten. 1815 geriet dann die Anlage, mitsamt der Stadt, unter preußische Oberhoheit. Die ausschließlich militärische Nutzung bestand fort bis 1871.

Historisches Geschütz

Gänzlich aufgegeben wurde sie auch danach nicht. Weiterhin waren auf dem Petersberg Streitkräfte der unterschiedlichen Art stationiert, außerdem zogen Behörden ein. Zur Zeit des Nationalsozialismus gab es eine Untersuchungshaftanstalt für politische Gefangene, woran heute ein Denkmal erinnert.

Die DDR änderte am Prinzip der Nutzungen nur wenig. Unter anderem siedelten hier, gleichsam nebeneinander, die Behörde für Staatssicherheit und die Kinderorganisation Junge Pioniere. Vieles verfiel. Dass es sich bei der Zitadelle um ein bauhistorisch höchst bedeutsames Objekt handelt, war erst die Erkenntnis im wiedervereinigten Deutschland.

Inzwischen wurde vieles restauriert. Das zuvor wenig zugängliche und auch darum nur wenig besuchte Gelände mutierte zum touristischen Objekt. Ein Café

Blick vom Petersberg

zog ein. Von hier aus eröffnet sich ein eindrucksvoller Panoramablick auf Erfurt.

Am Hang des Petersberges wachsen jetzt Rebstöcke. Die Erfurter Weinzunft wirbt vollmundig für ihre gekelterten Silvaner und Portugieser, der Markenname lautet »Benedictus«.

Die zivile Stadt Erfurt hat einen zivilen Anziehungspunkt mehr.

Bei Jürgen Becker heißt es in einem Gedicht:

Eine Reise ist vorzubereiten. Man muss
durch eine Nebelfront, deren Weiß so weiß
wie chinesische Trauer ist. Bitte keine Zitate.
Thema vom Tisch. Die Gerstenfelder sind leer,
und man liest, kompliziert sind die Städte.

Wir haben hier reichlich zitiert, nicht zuletzt aus Beckers Texten. Dass Städte auch kompliziert sind, gilt nicht bloß für Erfurt, für Erfurt aber eben auch.

Anhang

Erfurt

um 400 n. Chr. Gründung des Königreichs der toringi, das bis 531 besteht.

ab 620 Existenz eines der fränkischen Oberhoheit unterworfenen Herzogtums Thüringen.

724 Gründung des Domes (St. Marien) auf dem Untersberg über den Geraufer, dem heutigen Domberg.

742 Bonifatius gründet das Bistum Erfurt. Seine Bitte um Bestätigung von »Erphesfurt« an Papst Zacharias ist die erste schriftliche Erwähnung der Siedlung, des späteren Erfurts.

755 Das Erfurter Bistum fusioniert mit dem Bistum Mainz. Der Verbund bleibt mehr als ein Jahrtausend bestehen.

1066 Zum Schutz der Stadt wird ein Wall errichtet. Die Erfurter Stadtumwallung ist eine der frühesten Befestigungsanlagen in Deutschland.

1067 Der sagenumwobene Ludwig der Springer baut die Wartburg. Von ihm stammt der Landgraf Hermann ab.

1080 Erfurt wird erobert und in Brand gesteckt.

1120 Erstmals ist urkundlich von Erfurter Bürgern die Rede.

1181 Auf dem von Friedrich Barbarossa einberufenen Reichstag wird sein politischer Rivale Heinrich der Löwe endgültig entmachtet. In Erfurt finden zahlreiche Hof- und Reichstage statt.

1184 Beim sogenannten Erfurter Latrinensturz am 25. Juli sterben 60 Menschen. Der anwesende Kaiser Heinrich VI. überlebt das Unglück unverletzt.

1221 Angebliche Ritualmorde führen zu antisemitischen Ausschreitungen und Pogromen.

1235 Heiligsprechung der ungarischen Prinzessin Elisabeth (1207–1231), der Patronin Thüringens.

1255 Eine fundamentale Ratsreform entzieht den erzbischöflichen Stadtherren weitgehend die administrativen Vollmachten.

1279 Die Mainzer Kirchfürsten werden aus der Stadt gejagt, woraufhin der Erzbischof einen Bann über Erfurt verhängt, der erst zweieinhalb Jahre später wieder aufgehoben wird.

um 1285 Erster Nachweis des Erfurter Stadtwappens.

1289/90 Rudolf von Habsburg hält Hof in Erfurt. Für zehn Monate wird die Stadt die Regierungszentrale des Reichs.

1331 Erfurt erhält das kaiserliche Messeprivileg.

1349 Hetzprediger führen eine in Europa wütende Pestepidemie auf durch Juden vergiftete Brunnen zurück. Über 12.000 Erfurter Bürger sterben an der Seuche. Es kommt zu Pogromen an der jüdischen Gemeinde der Stadt.

1392 Die Universität Erfurt wird eröffnet.

1416 St. Marien brennt nieder, der Wiederaufbau erfolgt bis Ende des 15. Jahrhunderts.

1472 Ein Brand in Erfurt legt fast die Hälfte der Stadt in Asche.

1485 Leipziger Teilung.

1501 Martin Luther nimmt in Erfurt ein Studium der »Freien Künste« auf. 1505 tritt er dem Schwarzen Kloster der Augustiner-Eremiten bei und wird 1507 zum Priester geweiht.
1511 verlässt Martin Luther Erfurt und zieht nach Wittenberg.

1510 Auf die Zahlungsunfähigkeit der Stadtkasse, den Aufstand der »Schwarzen Rotte« und dem Sturm auf die Ratsversammlung folgte das »tolle Jahr« in Erfurt.

1521 Pfaffensturm auf dem Domgelände.

1525 Bauernkrieg erreicht auch St. Marien.

1530 Ein Vertrag mit dem Mainzer Erzbischof sichert den Erfurtern vertraglich konfessionelle Parität zu.

1561 Der sogenannte Römer von Israel von Miha wird auf dem Erfurter Fischmarkt aufgestellt.

1682/83 Eine Pestepidemie bringt mehr als der Hälfte der Erfurter Einwohner den Tod.

1802 Die Stadt Erfurt fällt an Preußen.

1806 Erfurt wird nach der Schlacht bei Jena und Auerstedt von französischen Truppen besetzt.

1808 In Erfurt tagt der Fürstenkongress.

1833 Loser Zusammenschluss der thüringischen Kleinstaaten zu einem gemeinsamen Zoll- und Handelsverein.

1850 Das Unionsparlament tritt in Erfurt zusammen.

1891 Im Erfurter Kaisersaal findet mit dem SPD-Parteitag die erste Großveranstaltung der Sozialdemokraten nach Aufhebung von Bismarcks Sozialistengesetz statt.

1920 förmliche Wiedervereinigung der Doudezterritorien.

1950 Erfurt wird thüringischer Regierungssitz.

1970 Im März reist der SPD-Parteivorsitzende und Bundeskanzler Willy Brandt nach Erfurt.

1994 Erfurt wird erstmals seit 755 wieder Bischofssitz.

1998 Archäologische Untersuchungen in der Erfurter Altstadt fördern Gegenstände aus dem Mittelalter zu Tage.

Personenregister

Adolar 42
Albrecht (der Beherzte) 12, 20
Amalia, Anna 111
Aristoteles 54
Artus 17
Aue, Hartmann von der 124

Bach, Johann Christoph 108
Bach, Johann Sebastian 108
Barbarossa, Friedrich 29
Bebel, August 100f.
Becker, Jürgen 111, 116, 128f.
Bernstein, Eduard 100
Bismarck, Otto von 100
Bloch, Ernst 57
Bonifatius 24f., 27, 42
Boineburg, Philipp Wilhelm von 81
Brandt, Willy 6, 9f., 98, 103f., 113
Buber, Martin 57
Burchard von der Wartburg 31

Dacheröden, Caroline von 86
Dalberg, Karl Theodor von 76, 82–84
Dennstedt, Heinrich von 90

Elisabeth 17
Engels, Friedrich 101f.

Eoban 42
Ernst von Thüringen 12, 20f.
Eschenbach, Wolfram von 17

Falke, Heino 125
Friedenthal, Richard 70, 75
Fromm, Erich 57

Gauß 97
Gregor VII. 29
Goethe, Johann Wolfgang von 83, 97, 106, 110f., 114, 118
Gosse, Nicolas 85
Gozmar III. von Ziegenhain 31

Heckel, Ernst 95
Heinrich III. (Heinrich der Erlauchte) 12, 20
Heinrich IV. 29
Heinrich VI. 29-31
Heinrich der Löwe 29
Helius Eobanus Hessus 108
Henry II. 29
Hermann I. (Landgraf Hermann) 17, 19f.
Hochheim, Eckart von: siehe unter Meister Eckhart
Hoffmann, E. T. A. 19
Humboldt, Wilhelm von 83, 86
Hutten, Ulrich von 108

Karl der Große 24, 28
Kautsky, Karl 100f.

Kellner, Heinrich 79
Koch, Eoban: siehe Helius Eobanus Hessus
Kohl, Helmut 10
Konrad von Mainz 30
Kophelin, Jutta 64
Krepp, Siegfried 57
Kundera, Milan 111

Landauer, Gustav 57
Liebknecht, Wilhelm 100
Lochthofen, Sergej 116–121
Ludwig der Springer 15–17
Ludwig III. 30
Ludwig VII. 17
Luther, Martin 40, 43, 66, 68–75, 78, 80, 97, 100, 108

Maimonides 54
Mann, Thomas 114, 118
Martell, Karl 24
Martin 27
Marx, Karl 101
Maximilian I. 78
Merseburger, Peter 103
Meister Eckhart 50, 53–55, 57
Milla, Israel von der 90f.
Moritz, Karl Philipp 110

Naffzer, Jacob 90
Napoleon 84f., 106, 110f.

Pachelbel, Johann 108
Puschkin, Alexander Sergejewitsch 114

Radowitz, Joseph von 100
Reiser, Anton 108, 110 [Romanfigur]
Ries, Adam 78f.
Rudolf I. 39

Schaper, Fritz 74, 97
Schliemann, Heinrich 60
Schönborn, Johann Philipp von 81
Schwarzburg, Heinrich von 31
Schwind, Moritz von 19
Severus 44
Stoph, Willy 9, 103

Troyes, Chrétien de 17

Vegetius Renatus, Flavius 14
Veldeke, Heinrich von 17f.
Vogelweide, Walther von der 17

Wagner, Richard 19
Welsch, Johann Maximilian von 94
Wiehe, Kalman von 60, 64, 97
Williborg 42
Willigis 27
Winckelmann, Johann Joachim 82
Wynfreth oder Winfried: siehe Bonifatius

Zacharias 25
Zweig, Stefan 114, 118

Zum Weiterlesen

WILLIBALD GUTSCHE (Hg.): *Geschichte der Stadt Erfurt.* Weimar 1986

STEFFEN RASSLOFF: *Geschichte der Stadt Erfurt.* Erfurt 2012

ULRICH SEIDEL: *Dumont-Reiseführer Erfurt.* Köln 2015

THOMAS OTT: *Erfurt im Transformationsprozeß der Städte in den neuen Bundesländern. Ein regulationstheoretischer Ansatz.* Erfurt 1997

STEFFEN RASSLOFF: *Bürgerkrieg und Goldene Zwanziger. Erfurt in der Weimarer Republik.* Erfurt 2008

STEFFEN RASSLOFF: *Geschichte Thüringens.* München 2010

EDGAR LEHMANN, ERNST SCHUBERT: *Dom und Severikirche zu Erfurt.* Leipzig 1991

F. FISCHER: *Das blaue Wunder Waid. Wiederentdeckung einer alten Nutz- und Kulturpflanze.* Köln 1997

Kurt Ruh: *Meister Eckhart. Theologe, Prediger, Mystiker.* München 1989

Peter Rochhaus: *Adam Ries. Vater des modernen Rechnens.* Erfurt 2008

Heinz Zahrnt: *Martin Luther: Reformator wider Willen.* Leipzig 2000

Richard Friedenthal: *Luther: Sein Leben und seine Zeit.* München/Zürich 1996

Herbert Hömig: *Carl Theodor von Dalberg. Staatsmann und Kirchenfürst im Schatten Napoleons.* Paderborn 2011

Olaf Zucht: *Die Geschichte der Juden in Erfurt von der Wiedereinbürgerung 1810 bis zum Ende des Kaiserreiches; ein Beitrag zur deutsch-jüdischen Geschichte Thüringens.* Erfurt 2001

Ingke Brodersen, Rüdiger Dammann: *Zerrissene Herzen. Die Geschichte der Juden in Deutschland.* Frankfurt/M. 2006

Der Autor

Rolf Schneider, geboren 1932 in Chemnitz, ist freier Schriftsteller und Publizist. Er verfasste zahlreiche Romane, Bühnenstücke, Essays und Sachbücher, die in über 20 Sprachen übersetzt wurden. Zuletzt erschienen u. a. der Roman »Marienbrücke « (2009) und die Sachbücher »Das Mittelalter« (2010) sowie im be.bra verlag »Ritter, Ketzer, Handelsleute« (2012). Rolf Schneider wurde ausgezeichnet mit dem Lessing-Preis der DDR, dem Hörspielpreis der Kriegsblinden sowie mit dem Bundesverdienstkreuz 1. Klasse. Er lebt in Schöneiche bei Berlin.

Abbildungsnachweis

Archiv der Friedrich Ebert Stiftung   103
Bundesarchiv 101 (Bild 183-14077-0005)
Codex Manesse   18, 19
Das Erfurter Programm. Nachdruck der 13. Auflage, Stuttgart um 1904   102
Geografische Sammlung der Universität Greifswald   29
Joachim Schäfer – www.heiligenlexikon.de   54
Martin Zeiller, Topographia Superioris Saxoniae, Thuringiae, Misniae, Lusitatiae, etc., Frankfurt 1650   30
Privatarchiv   117, 119
Schedelsche Weltchronik   53
Schneider, Therese   10, 28, 35, 36, 37, 38, 43, 44, 45, 46, 47, 48, 49, 55, 56, 70, 74, 84, 86, 91, 93, 94, 95, 96, 109, 112, 125, 126, 127, 128
Stadtmuseum Erfurt   72
Verlagsarchiv   26, 73, 105, 110
Wikimedia (gemeinfrei)   21, 69, 79, 81, 82, 83, 85